Mariage et Violence
dans la Société Traditionnelle Fang du Gabon

5-7, rue de l'Ecole polytechnique ; 75005 Paris

http://www.librairieharmattan.com
diffusion.harmattan@wanadoo.fr
harmattan1@wanadoo.fr

ISBN : 978-2-296-03379-5
EAN : 9782296033795

Honorine NGOU

Mariage et Violence dans la Société Traditionnelle Fang du Gabon

L'Harmattan

Etudes Africaines

Collection dirigée par Denis Pryen et François Manga Akoa

Dernières parutions

Raymond Guisso DOGORE, *La Côte d'Ivoire : construire le développement durable*, 2007.
André-Bernard ERGO, *L'héritage de la Congolie*, 2007.
Ignatiana SHONGEDZA, *Éducation des femmes en Afrique australe*, 2007.
Albert M'PAKA, *Démocratie et vie politique au Congo-Brazzaville*, 2007.
Jean-Alexis MFOUTOU, *Coréférents et synonymes du français au Congo-Brazzaville. Ce que dire veut dire*, 2007.
Jean-Alexis MFOUTOU, *La langue française au Congo-Brazzaville*, 2007.
Mouhamadou Mounirou SY, *La protection constitutionnelle des droits fondamentaux en Afrique. L'exemple du Sénégal*, 2007.
Cheikh Moctar BA, *Etude comparative entre les cosmogonies grecques et africaines*, 2007.
Mohamed Saliou CAMARA, *Le pouvoir politique en Guinée sous Sékou Touré*, 2007.
Pierre SALMON, *Nouvelle introduction à l'histoire de l'Afrique*, 2007.
Pierre KAMDEM, *Camerounais en Ile-de-France*, 2007.
Vincent MULAGO, *Théologie africaine et problèmes connexes. Au fil des années (1956 – 1992)*, 2007.
COLLECTIF, *L'Afrique, histoire d'une longue errance, Colloque au Lucernaire du 24 et 25 mars 2007*, 2007
BOUOPDA Pierre Kamé, *Cameroun, les crises majeures de la présidence Paul Biya*, 2007.
André MBENG, *Recueil de chansons épiques du peuple bassa du Cameroun*, 2007.
Souraya HASSAN HOUSSEIN, *Économie du développement et changements institutionnels et organisationnels*, 2007.
André Julien MBEM, *L'Afrique au cœur de l'Europe. Quel projet pour le Nouveau Monde qui vient ?*, 2007.
Djibo HAMANI, *L'Islam au Soudan Central,* 2007.
William BOLOUVI, *Quel développement pour l'Afrique subsaharienne ?*, 2007.

A mon père Abessolo Simon qui m'a laissée libre de choisir l'homme de ma vie et de faire mes études.

A ma défunte grand-mère bien-aimée pour tous les sacrifices consentis et qui a été mariée à 4 ans.

A ma mère Oye Obounou Claire pour le dévouement.

A mes frères et sœurs.

A mes tantes maternelles.

A toutes les femmes qui n'ont pas eu la chance d'aimer et d'être aimées.

« Nous allons te marier. C'est notre devoir de te marier ; comme cela a toujours été le devoir de la communauté de marier ses enfants ».

Francis Bebey, *Le fils d'Agatha Moudio,* Clé, 1967, p. 60.

« C'est nous qui décidons comme il est d'usage...Depuis que le monde est monde, les mariages ont été faits comme nous le faisons. Tu es trop petit pour nous montrer le chemin ».

Seydou Badian, *Sous l'orage,* Présence africaine, 1963. p. 14.

SOMMAIRE

PRÉFACE

Inter-dire...

Honorine Ngou fait parler des femmes de la génération de sa mère. Elles ont toutes vécu des mariages forcés, décidés par leurs pères, avant même leur naissance, ou bien dès leur naissance, ou bien encore lorsqu'elles avaient entre 6 et 12 ans.

Évidemment, aucune des petites filles qu'elles furent n'eut son mot à dire.

Toutes se souviennent de l'arrachement, par surprise, un jour, à leur mère, pour être emmenées dans une autre famille, vendues par leur père en vue d'un futur mariage dont elles ignoraient tout. Elles se rappellent avec douleur, comment, du jour au lendemain, elles étaient devenues de petites esclaves, épiées par une belle-famille impatiente de voir apparaître leurs premières règles afin de les livrer pieds et poings liés à l'homme. A cet homme qui était la plupart du temps de l'âge de leur père. A cet homme qui les faisait passer ainsi sans transition de l'enfant à la femme mariée, violentée et violée. Elles avaient beau se débattre, mordre, griffer, elles finissaient toujours par se résigner sous le poids des coups qui pleuvaient sur elles puis des maternités qui se suivaient de façon ininterrompue. Toute tentative de fuite était durement réprimée. Femmes violées, femmes battues, femmes matées. C'était normal, c'était leur sort, c'était même sans doute leur faute.

A l'appui de ces comportements, quelques idées communes bien installées dans toutes les têtes : la suprématie intangible du mâle qui achète, contrôle, domine et méprise la femme, la soumission obligée de celle-ci qui est dévalorisée, brimée, exploitée et réduite à une fonction « reproductrice » qui doit « remplir le village ».

Ainsi ces femmes, non scolarisées pour la plupart, ont-elles subi, impuissantes, une vie où il faut tout accepter, tout supporter. Parce qu'elles sont les otages des familles toutes-puissantes, les prisonnières de leurs maris, une monnaie d'échange social. Parce qu'elles n'ont donc droit ni à la parole ni à une reconnaissance en tant qu'individu. Parce que ni leurs parents ni leurs maris n'éprouvent la moindre culpabilité face aux souffrances qu'ils leur imposent. Parce que c'est en toute impunité que s'exercent à leur égard les violences familiales et conjugales. On ne s'étonnera pas si ces héroïnes du silence et de l'ombre placent tout leurs espoirs dans la scolarisation de leurs enfants.

Pour ces femmes, parler à Honorine, c'est d'abord se dire à elles-mêmes ce qui n'a pas encore eu l'occasion, le droit, la force d'être dit.

C'est ensuite pouvoir le révéler à toutes les femmes de leur pays, grâce à une de leurs filles qui a fait des études, s'est mariée par amour, s'en est sortie et peut porter leur parole aux autres.

C'est enfin ouvrir les yeux des hommes et des femmes du monde entier pour que personne n'accepte plus jamais l'insupportable de ce qu'elles ont vécu.

Plus jamais ça, plus jamais, dit Honorine Ngou avec la publication de ces témoignages.

Et avec elle, grâce à elle, tout en prenant conscience de son calvaire, chaque interlocutrice le dit à toutes les femmes du futur.

Et tant pis, ou plutôt tant mieux, si les hommes-bourreaux (mais heureusement tous les hommes ne le sont pas) en ressentent de la honte.

Le livre d'Honorine Ngou fait partie des ouvrages ou des films qui m'ont alertée et bouleversée au cours de ces dernières années.

Il faut en effet lire, en écho, *Le livre noir de la condition des femmes*[1], qui rassemble une soixantaine de témoignages, reportages, combats menés dans tous les pays du monde. Il faut écouter la Bangladaise Taslima Nasreen, la Jordanienne Rana Husseini, l'Indienne Sona Khan, l'Egyptienne Mona, la Mexicaine Esther Chavez, la Rwandaise Esther Mujavayo. Il faut entendre absolument Somaly Mam dans *Le silence de l'innocence*[2], à propos des filles condamnées à l'esclavage sexuel au Cambodge. Il faut se reporter au dossier 2003 d'Amnesty international, *Afghanistan, les femmes privées de justice*[3]. Il faut aller voir *Mooladé*[4], du cinéaste sénégalais Sembène Ousmane, *Sisters in law*[5], des deux réalisatrices camerounaises Kim Longinotto, Florence Ayisi, *Matrubhoomi, un monde sans femmes*[6], du cinéaste indien Manish Jha, *Fatou la malienne*[7], du réalisateur français Daniel

---

[1] *Le livre noir de la condition des femmes,* dirigé par Christine Ockrent et coordonné par Sandrine Treiner, XO Éditions, 2006. Concerne toutes les violences subies par les femmes à l'heure actuelle dans le monde.

[2] Somaly Mam, *Le silence de l'innocence*, Éditions Anne Carrière, Paris 2005. Sur l'esclavage sexuel au Cambodge.

[3] Amnesty international, *Afghanistan, les femmes privées de justice,* dossier 2003, sur internet, AMNESTY INTERNATIONAL, DOCUMENT PUBLIC, Index AI : ASA 11/023/2003, ÉFAI.

http://web2.amnesty.org/library/Index/FRAASA110232003?open&of=FRA-313.

[4] *Mooladé*, réalisateur Sembène Ousmane (Sénégal), 2004, Films du paradoxe. Procès de l'excision.

[5] *Sisters in law*, réalisatrices Kim Longinotto, Florence Ayisi (Cameroun), 2005, Vixen films. A propos de la maltraitance des enfants et des femmes au Cameroun, documentaire sur des procès pour violences avec Vera Ngassa, conseillère d'état et Béatrice Ntuba, présidente de la Cour.

[6] *Matrubhoomi, un monde sans femmes,* réalisateur Manish Jha (Inde), Diaphana films, 2005. A propos de l'infanticide des bébés filles en Inde.

[7] *Fatou la malienne*[7], réalisateur Daniel Vigne (France), Buena Vista Home Entertainment, 2001. Mariage forcé de Fatou (18 ans), née en France de parents maliens.

Vigne, *Le Papier ne peut pas envelopper la braise*[8], du réalisateur cambodgien Rithy Panh.

On y trouve toutes les violences subies par les femmes « soit parce qu'elles sont des femmes, soit parce qu'elles ne le sont pas de la bonne manière. » Avortements sélectifs, infanticides féminins, excisions, contaminations par le sida, mutilations, bandage des pieds, pratique de la sati[9], des feux de sari[10], du levirat[11], épreuve du nettoyeur[12], coups, immolations, lapidations, attaques au vitriol, jets d'acide, crimes d'honneur, gavage, mariages forcés, vérification publique de la virginité, viols, prostitution, esclavage, constituent la base de ces violences physiques et psychologiques, pratiques de marquage, d'appartenance, de terrorisme sexuel. A cela s'ajoutent les brimades de tous ordres visant à réduire ou même à annuler tous les droits des femmes : traitements discriminatoires au niveau du divorce, de l'adultère, du travail, de l'héritage, de la garde des enfants, du droit à voyager, du droit de vote ou de la valeur d'un témoignage (par exemple, celui d'une femme vaut en Iran la moitié de celui d'un homme).

On n'en finirait pas d'analyser l'ingéniosité humaine en matière d'inhumanité.

Chaque pays peut faire le bilan de ses pratiques et balayer devant sa porte car aucun combat, en aucun lieu, n'est jamais définitivement gagné.

---

[8] *Le Papier ne peut pas envelopper la braise*, du réalisateur Rithy Panh (Cambodge et France), Institut National de l'Audiovisuel, 2007. Portraits de prostituées en perdition au Cambodge.

[9] Pratique dans laquelle en Inde, les veuves se suicidaient sur le bûcher funéraire de leur mari.

[10] Des milliers d'Indiennes meurent bfûlées dans leur sari parce que leur dot est jugée insuffisante par la belle-famille.

[11] Dans certains pays d'Afrique, les veuves sont condamnées à épouser l'un des frères du défunt.

[12] Au Kenya, le « nettoyeur » est un homme chargé par la communauté d'avoir avec la veuve une relation sexuelle pour chasser l'esprit du défunt.

Et moi, l'Européenne qui vis au pays des droits de l'homme, je prends conscience qu'en France aussi, il y a des femmes battues, des mariages forcés, des excisions[13]. Et que ces actes, condamnés par la loi, sont pratiqués par certains au nom de ce qu'ils nomment le respect du « multiculturalisme » qui, selon Ayaan Hirsi Ali, « n'est que le nom politiquement correct de l'apartheid des femmes.[14]»

Alors j'ai envie de crier par-dessus toutes les frontières, qu'avec vous, je suis, Somaly, Taslima, Rana, Sona, Esther, Mona, Honorine, avec vous, mes sœurs, qui appelez le monde à se soulever contre tout ce qui déshonore et dégrade.

Que cesse l'impunité des hommes.

Que s'avivent les prises de conscience.

Qu'advienne le respect de chacun.

Que nos révoltes deviennent celles de tout être humain pour qui dignité, égalité, liberté sont des valeurs primordiales.

Qu'à travers le livre d'Honorine, chacun, chacune découvre ses ignorances, invente ses modalités de combat, rompe ses silences...

Car l'information est une arme qui ne laisse pas intact.

Claudette Oriol-Boyer, 28 mars 2007.

---

[13] Cf. site de Anne Hidalgo, (http://anne-hidalgo.net/Contre-les-violences-faites-aux,291.html) : « En France, une femme décède tous les trois jours sous les coups de son compagnon (Étude nationale des décès au sein du couple, Directions générales de la police nationale et de la gendarmerie nationale. Bilan des 9 premiers mois 2006), 60 % des appels nocturnes de Police secours à Paris concernent des violences conjugales (Enquête Droit des Femmes 1988), 48000 femmes sont violées par an et seulement 8 % portent plainte (Enquête nationale sur les violences envers les femmes en France 2002). »

[14] Ayaan Hirsi Ali, (née en Somalie, enfuie aux Pays-Bas après un mariage forcé, maintenant députée néerlandaise), interviewée par Christine Ockrent, in *Le livre noir de la condition des femmes*, p. 294.

INTRODUCTION

Allier mariage et violence est singulier et paradoxal, car le mariage évoque généralement le désir de partager ses joies et ses peines avec l'être aimé. En revanche, la violence peut être non seulement une brutalité exercée sur quelqu'un pour obtenir son adhésion, mais aussi une outrance dans les propos ou le comportement susceptible de soumettre, d'humilier, de faire souffrir. C'est ainsi que dans la société traditionnelle fang[1], le mariage n'était pas toujours perçu comme un acte volontaire pour la jeune fille mais plutôt comme une blessure profonde, une violence, une expérience douloureuse.

Au lieu d'être un libre choix, une source d'épanouissement et de bonheur, il devenait une obligation et un véritable « champ de violence » où la femme subissait toutes sortes d'exactions et de brimades : « Le traitement cruel dont la femme se trouve souvent être l'objet procède d'une relative déshumanisation. Acquise au même titre que les objets, elle est traitée en conséquence »[2].

Il est à souligner que les violences relatives au mariage ne sont ni l'apanage de l'Afrique noire traditionnelle, ni le propre du peuple fang mais apparaissent comme un phénomène qui existe et a toujours existé dans toutes les civilisations.

En effet, la violence exercée sur la femme est multiforme et semble tapie dans l'inconscient de l'homme quelle que soit la couleur de sa peau. C'est ainsi que dans plusieurs sociétés

---

[1] On trouve l'ethnie fang au Cameroun, en Guinée équatoriale, au Congo Brazzaville et au Gabon. Il s'agit ici des Fang du Nord du Gabon.

[2] Mohamadou Kane, *Roman africain et traditions,* Dakar, les Nouvelles éditions africaines, 1982, p. 376.

anciennes d'Europe, d'Afrique, d'Amérique, d'Asie et d'Océanie, on mariait la petite fille ou la jeune fille à un homme âgé, souvent jaloux et brutal. En France par exemple, à la fin du Moyen Age, c'est l'Eglise qui a favorisé l'amélioration de la condition aliénante de la femme en la libérant du mariage forcé. Pour Pierre Darmon : « La mainmise de l'Eglise sur le mariage érigé en sacrement a délivré la femme de la tyrannie du droit romain et des coutumes germaniques et féodales (...). La monogamie est établie, les abus seigneuriaux abolis. Le mari ne peut plus répudier sa femme. La liberté du consentement l'affranchit des mariages forcés »[3].

Après bien des hésitations, nous nous sommes décidée à lever le voile sur le mariage forcé dans la société traditionnelle dont nous sommes issue afin de comprendre les motivations qui ont guidé nos grands-parents et arrière-grands-parents en imposant des hommes âgés à leurs filles impubères.

En fait, mettre en évidence un trait culturel qui compromet la liberté de la jeune fille et donne au mariage traditionnel un caractère infernal, est aussi une manière pour nous d'assumer notre passé collectif et notre culture.

Il faut dire que dans l'univers traditionnel fang, le mariage, comme la naissance et la mort, constituait un événement majeur, car il favorisait la consolidation des relations entre les familles, les clans et les tribus. Par ailleurs, l'honorabilité et le prestige d'un homme étaient proportionnels au nombre d'enfants dont il était le père. Mais la renommée d'une famille dépendait surtout de la pluralité des filles qu'elle comptait, car les filles étaient considérées comme une source de prospérité. Facteur d'enrichissement et de perpétuation[4] du clan, la femme

---

[3] Pierre Darmon, *Mythologie de la femme dans l'Ancienne France,* Paris, Seuil, 1983, p. 119.

[4] La femme qui quitte sa famille pour intégrer une autre par les liens du mariage, laisse un vide qu'on doit absolument combler. C'est pourquoi l'argent de la dot était destiné au mariage du frère et même du père de celle qui partait. Cette pratique reste toujours en vigueur dans certaines familles, car la dot doit servir à quelque chose de concret et de durable.

n'était digne et respectée qu'à travers le mariage. D'autant plus que la société traditionnelle fang honnissait le célibat – surtout celui des femmes-, car il représentait une porte ouverte à tous les dérapages, un terrain fertile au dévergondage sexuel qui souillait la réputation de la jeune fille, de la famille, voire du clan tout entier.

Pour éviter à sa fille les qualificatifs dépréciatifs du type : « Ekomswa, Essila, Nnôm goan »[5], un père pouvait prendre la décision de marier cette dernière sans tenir compte ni de son avis, ni de son âge. Il suffisait que le beau-fils, âgé ou pas, plût au père et fût un homme travailleur, courtois, généreux, disponible pour que le mariage fût scellé. Nombre d'écrivains africains n'ont pas manqué de fustiger le mariage imposé qui chosifie la femme et la transforme en capital et en martyre. On peut citer entre autres Jean Ikele Matiba[6], Seydou Badian[7], Mongo Béti[8] et Okoumba Nkoghé[9].

Mais nous avons choisi de sortir du cadre fictionnel pour rendre compte de la double image contradictoire du mariage dans la tradition fang où il constitue surtout l'alliance de deux familles et non l'union entre deux personnes. L'initiative du mariage revenait rarement aux jeunes gens.

C'est la famille, représentée par le père, qui effectuait le choix de l'époux ou de l'épouse sans tenir compte de l'avis des intéressés. Ce principe de base se retrouve comme une constante dans plusieurs sociétés traditionnelles africaines. En effet, dans l'univers traditionnel fang, on mariait souvent les fillettes à des hommes âgés choisis par les parents pour consolider les liens

---

[5] Ces vocables correspondent aux mots : vieille fille, femme mûre, rombière. Il est à signaler néanmoins qu'il existait des filles qui n'étaient pas à marier et dont le rôle consistait à drainer les richesses utiles à leurs familles. Mais ces cas étaient plutôt rares, car la femme se définissait surtout par le mariage.

[6] Jean Ikele Matiba (Cameroun), *Cette Afrique-là, Paris,* Présence africaine, 1962.

[7] Seydou Badian (Mali), *Sous l'orage,* Paris, Présence africaine, 1963.

[8] Mongo Béti (Cameroun), *Perpétue et l'habitude du malheur,* Paris, Buchet /Chastel, 1974.

[9] Okoumba Nkoghé (Gabon*), La Mouche et la glu,* Présence africaine, Paris, 1974.

d'amitié, pour mettre fin à un conflit ou pour des raisons économiques. Le mariage pouvait même être contracté alors que le bébé était en gestation.

P. Alexandre et J. Binet écrivent à ce sujet : « Jusqu'à une date récente, a subsisté (...) l'habitude, officiellement interdite maintenant, de « doter » une fillette impubère, ou même un fœtus ou une enfant non conçue, qui allait vivre dans sa belle-famille, presque aussitôt après le sevrage, pour y être élevée, soit par sa belle-mère, soit par la première épouse de son mari »[10].

Même si l'on se situe au cœur d'une culture traditionnelle, on ne peut manquer d'être frappé par le sort de la petite fille privée d'une enfance normale et dont la destinée semble vouée à la souffrance. Frustrée de tous les rêves propres à l'enfance, son mariage ne sera très souvent qu'un ensemble de prescriptions et de proscriptions : elle connaît la réclusion et subit l'étouffement et l'aliénation d'un espace codifié et coercitif.

Loin d'user de toute la mansuétude nécessaire le jour du mariage de leurs filles, à cause de la précocité et de l'incongruité de l'union qu'ils leur infligeaient, certains pères avaient plutôt recours à la brutalité. Bien pis, une fois en mariage, la fille, devenue la propriété privée du mari, ne pouvait donc pas refuser à ce dernier ce qui lui revenait de droit : son corps. Ainsi, exerçait-il une répression impitoyable sur l'épouse récalcitrante, lorsque, pris d'un vertige sexuel, il se heurtait au refus catégorique de la jeune mariée. La chambre conjugale, au lieu d'être un nid d'amour et de bonheur, ressemblait à un champ de bataille, et s'inondait de pleurs.

Dans le présent ouvrage, les témoignages recueillis rendent compte du choc psychologique de très jeunes filles dont l'enfance et l'adolescence ont été brisées, violées par un environnement où l'autorité paternelle est inviolable, sacrée.

---

[10] P. Alexandre et J. Binet, *Le groupe dit pahouin (Fang, Boulou, Beti),* Paris, l'Harmattan, 2005, p. 52.

On nous objectera que certains parents imposaient aussi une épouse au jeune homme. C'est vrai, mais la jeune fille qu'on choisissait à l'adolescent était, soit très jeune et pouvait grandir avec son mari, soit elle avait toutes les qualités physiques et morales requises qui la rendaient forcément désirable. Il était rare de voir un jeune homme pleurer ou prendre la fuite parce qu'il ne voulait pas d'une fille que ses parents lui avaient choisie.

Certes, certains mariages mal assortis et tissés sans l'avis de la jeune fille ont été des expériences heureuses et ont connu une certaine stabilité. Mais nous avons surtout voulu exhumer ici l'horrible injustice que subissaient de toutes petites filles en épousant des hommes souvent âgés et en restant frustrées toute leur vie.

Afin de traduire leur expérience pénible, nous avons donné un titre spécifique à chaque témoignage.

En outre, par-delà les conjectures inhérentes à l'origine des Fang, on peut tout de même admettre qu'ils sont arrivés au Gabon au XIX ème siècle et qu'ils ont été en butte aux situations les plus pénibles (guerres entre les clans, guerres contre les Mvele, etc.)[11]. C'est pourquoi ils ont connu de nombreuses migrations pour rechercher de meilleures conditions de vie et un cadre moins hostile. Peuple vaillant, dynamique et organisé, sa témérité et son effronterie l'obligent toujours à faire face à l'adversité quelle qu'en soit la nature.

Ainsi, aux yeux d'autres communautés, les Fang sont-ils perçus comme des gens résolument agressifs et sauvages. Or, il n' y a pas peuple plus hospitalier, plus chaleureux et même plus conciliant que les Fang. A condition d'éviter de leur marcher sur les pieds et de bafouer leur ego, leur honneur et leur dignité. Sinon, ils montreront à l'agresseur : « Qu'un homme comme eux ne peut les provoquer sans qu'il y ait une réaction, même si cet homme mange le feu ». Voici comment une exploratrice

[11] Peuple guerrier du Cameroun.

anglaise qui avait effectué un voyage au Gabon, en 1825, présente les Fang : « On m'a beaucoup taquinée – les Blancs comme les Noirs – sur ma partialité en faveur des Fang. Mais j'aime les Africains à ma manière, certainement pas à la mode de la Sierra Leone.

Or les Fang ont, plus que tout autre peuple, les qualités que j'apprécie chez les Africains. Il est donc naturel qu'ils aient ma préférence. Ils sont courageux et attirent le respect, élément indispensable à l'instauration de relations amicales. Leur visage est animé et expressif et on identifie un Fang sans erreur dès qu'on les connaît un peu.

Ils tranchent très nettement sur l'état léthargique des tribus de la côte, en net déclin. Pleins de feu, ils possèdent un caractère bouillonnant et une intelligence aiguë.

Ils apprennent très vite, sans qu'on sache toujours comment les prendre, car ils se froissent rapidement (...).

Il est vrai qu'ils ont une mauvaise réputation auprès des gens dont l'avis fait plus autorité que le mien, on les dit voleurs, traîtres, assassins et cannibales. Jamais je ne les ai vus coupables de trahison ».[12]

Une certitude subsiste pourtant, la tradition et l'éducation fang exaltent l'ego masculin auquel tout homme doit absolument être attaché. Le « moi » chez l'homme fang est très prononcé. La tradition et l'éducation le cultivent et le développent, la famille et la communauté l'exaltent. Lorsque l'affirmation de cet ego rencontre des poches de résistance dans le couple par exemple, cela crée des étincelles qui peuvent engendrer la violence physique ou psychologique sur la femme.

Le vocable « fâm » en fang signifie à la fois l'homme, viril, arracher et traduit l'idée de force, d'autorité, de courage et de puissance. C'est pourquoi il existe en Fang de nombreuses

[12] *Mary Kingsley, Une Odyssée africaine,* Paris, Editions Phébus, 1992, p. 250-251.

expressions qui visent à flatter l'ego masculin[13]. L'homme est un être supérieur, hors du commun, capable de gérer ses émotions positives ou négatives. Laisser voir ses larmes par exemple n'est donc pas digne d'un homme. Pendant la circoncision, ou toute autre épreuve, il est interdit au jeune garçon de pleurer. On dira dès le berceau à un bébé mâle qui pleure sans arrêt : « Qu'un homme ne pleure pas ». Et à un petit garçon qui pleure parce qu'il a peur ou parce qu'il s'est fait mal en tombant, on criera : « Un homme ne pleure pas et ne doit pas montrer qu'il a peur ». A un homme dont la langue est bien pendue, on lui fera remarquer non sans ironie : « Un homme ne parle pas comme une femme ».

La parole d'un homme est sacrée parce qu'elle sert surtout à régler les conflits de la famille, du clan et à créer ou à consolider des alliances. L'homme doit donc se garder d'être bavard, de s'intéresser à des futilités. Il n'est tenu d'ouvrir la bouche que si cela s'impose.

Aussi, personne ne prendra-t-il au sérieux un homme qui parle avec légèreté et sans réserve.

Un père s'arrangera pour que très tôt son petit garçon intègre ces principes dans le quotidien et prenne conscience qu'il est un homme (fâm), le chef, et qu'il doit acquérir le sens des responsabilités et de l'autorité. Car c'est sa capacité à assumer ses responsabilités et à exercer son autorité qui va déterminer sa valeur et susciter la considération et la reconnaissance des uns et des autres.

---

[13] « Nse ki nzobé fâm éfam da fam kuigne nbî » : « Ce n'est pas n'importe quel homme, c'est l'homme qui débusque le rat - palmiste de sa tanière » ou « Fâm aki, fâm ayô » : « L'homme âcre, l'homme amer. » (expression employée pour encourager un garçon ou un homme à faire face à l'épreuve) ou encore « Obègne bôt, obègne befâm » : « Tu as fait des hommes quand tu as mis au monde des garçons ». On a l'impression ici que la femme n'est pas un être humain au même titre que l'homme. Faire des filles n'est donc pas le meilleur qu'on puisse souhaiter, même si les filles génèrent de l'argent par le mariage.

Très jeune, on inculque au petit garçon qu'il prendra la dot de sa sœur, jeune ou âgée, et réglera tous les problèmes qui pourront se poser à cette dernière pendant le mariage.

Dans la mentalité fang, l'homme est le pilier, la poutre, celui par qui tout doit passer. Il n'est donc pas étonnant que le système de filiation soit patrilinéaire. En cas de succession, le patrimoine revient principalement à l'homme, car il est le gardien du village, de la famille, du clan.

Pour Ntsame Nguéma Rose : « La femme dans la société traditionnelle fang, ne pouvait en aucun cas devenir chef de famille. En cas de décès ou d'incapacité de l'époux, la direction de la famille revenait à l'un des frères de l'époux, ou au fils aîné de celui-ci ».[14]

Dans l'exécution des tâches quotidiennes, l'homme s'octroie les travaux qui nécessitent la force, les muscles (chasse, abattage des arbres, construction des maisons, etc.) et laisse la femme exécuter les travaux les moins durs : « Je suis un homme » (me ne fâm), lancera un mari à sa femme quand cette dernière voudra endosser certaines responsabilités ou amener son homme à exécuter des tâches qui reviennent aux femmes. S'agissant de l'homme fang, Mary Kingsley affirme : « Il semble qu'il fasse un meilleur mari que dans d'autres ethnies plus civilisées. Il met partout la main à la pâte, du moment qu'il n'est pas obligé de se séparer de son fusil quand il a mis le pied hors du village.

Il aide à couper du bois, à s'occuper des chèvres, et accepte avec plaisir de porter le bébé pendant que sa femme se met à la tâche. Dans les villages de la forêt, il escorte toujours son épouse au cas où un léopard ou toute autre pittoresque créature s'approcherait.

[14] Ntsame Nguéma Rose, *La condition de la femme au Gabon. Essai sur l'évolution de la condition de la femme fang.* Thèse pour le doctorat de 3ème cycle en Sociologie, Bordeaux II, 1981, p. 244.

Dans l'enceinte du village, il accepte de se défaire de son fusil (qu'il garde à portée de main) pour bâtir une maison, tresser des fibres végétales en filets de chasse et paniers ».[15]

Ainsi, serait-il incongru et injurieux de voir un homme piler les feuilles de manioc, décortiquer les arachides ou s'occuper de la corvée d'eau. La femme a d'ailleurs intériorisé la position sexiste et machiste de la société traditionnelle au point qu'il n'est pas rare d'entendre une mère ramener sa fille à l'ordre : « Ton frère est un homme, il ne saurait réchauffer son plat lui-même, ni piler la banane, c'est à toi de le faire ».

Telle autre mère dira à son fils : « Un homme ne reste pas à la cuisine, un homme reste au corps de garde » (abâ)[16]. Ou bien s'il a des problèmes avec sa femme, elle lui lancera : « Un homme ne doit pas admettre qu'une femme lui parle sur ce ton, il faut lui montrer que tu es un homme... ».

La femme renforce donc et pérennise la position privilégiée de l'homme en inculquant à ses enfants des principes de domination du mâle qu'ils n'oublieront pas dans la vie conjugale et sociale.

Il faut souligner au passage que l'homme fang manifeste la volonté de garder à tout prix ses coutumes, son patrimoine. Epris d'indépendance, il est fier d'être Fang et imbu de ce qu'il est et qui le différencie des autres. Aussi, ne se prive-t-il pas quand besoin est de montrer qu'il est « le sexe fort » et qu'on doit se plier à ses exigences et à ses désirs, même quand il est en face d'un autre homme.

Dans un univers aussi phallocratique, cela va de soi, la femme est reléguée au second plan et existe sans vivre. En fait, on projette sur elle une image tout à fait paradoxale.

---

[15] Mary Kingsley, op. cit, p. 245.

[16] Dans la tradition fang, c'est le poumon du village. Exclusivement réservé aux hommes, c'est le lieu de sociabilité, de rencontres, de jeux, de partage des repas, l'espace où se font et se défont les mariages et où se règlent les palabres. C'est aussi une aire de repos pour les étrangers (beyeng).

D'une part, elle a une certaine valeur parce que sans elle, l'homme n'est rien[17]. D'autre part, elle ne doit pas être au devant de la scène et est plus considérée dans sa fonction de reproduction et de perpétuation du clan. Figure de proue sur le plan économique, elle nourrit toute la famille grâce à ses récoltes et suscite des alliances entre les familles par le mariage.

En outre, dans un univers où le culte du mâle est si enraciné dans les mentalités, la femme est un être en filigrane. Omniprésente dans sa cuisine et invisible dans les espaces ouverts, il ne lui est pas toujours permis de traverser la cour, mais elle doit passer derrière les maisons. Elle n'a la parole en public que si on la lui donne. Même si elle a des idées géniales sur une question, elle doit les garder pour elle et est autorisée à les susurrer à son mari quand ils seront en tête-à-tête.

Ntsame Nguéma Rose écrit au sujet de la condition de la femme : « Dans la société traditionnelle fang, la femme était considérée comme un objet de production et de reproduction, un bien, une richesse. Une fois mariée, elle rentrait en soumission à son mari. C'est le mari qui décidait de tout, elle devait subir (...). Elle n'était pas consultée quel que fût le problème, même lorsqu'il fallait marier sa fille. On lui apprenait seulement les décisions finales »[18].

Dans la tradition fang, on pense d'ailleurs « qu'une femme reste une femme » (minega ane ve minega) quel que soit ce qu'elle est ou ce qu'elle a.

Le proverbe : « Megnogo me minega ma dân nkok » (les urines d'une femme ne peuvent traverser un tronc d'arbre) est révélateur et traduit les capacités intrinsèques de l'homme, sa supériorité avérée.

---

[17] On a très peu de considération pour un homme en âge de se marier et qui est célibataire. Dans la société traditionnelle fang, le célibat était un sujet de moquerie au point que les habitants d'un village se cotisaient pour aider un célibataire endurci à se marier.

[18] Op. cit. p. 24.

La femme ne peut ni se mesurer à lui, ni l'égaler. Les attributs biologiques de l'homme l'obligent à être le chef et à exercer un réel ascendant sur la femme qui est résolument le sexe faible. Si elle se montre insoumise et effrontée, son homme a le devoir de lui infliger une correction mémorable afin qu'elle occupe la place qui lui revient : la dernière.

Souvent considérée comme une personne immature et sous tutelle, la femme est désignée par rapport à son père, son frère, son mari : c'est la fille d'un tel, la sœur d'un tel, la femme de tel autre. La femme ne peut rien décider sur son mariage, ni sur celui de sa fille au risque de s'attirer les foudres du clan tout entier.

Seul le choix et l'avis de l'homme comptent. C'est toujours lui qui peut mieux reconnaître et apprécier les qualités d'un gendre. Aussi, la mère et la fille sont-elles tenues de se conformer à ses exigences.

Garant de la société, l'homme est responsable de l'enquête de moralité sur celui qui désire épouser sa fille et doit s'assurer non seulement que les relations entre les deux familles sont bonnes et amicales mais aussi s'informer sur les qualités intrinsèques du prétendant. Il cherchera surtout à savoir si le futur gendre pourra abattre les arbres, s'il est bon pêcheur ou chasseur, et surtout, s'il est viril.

Il prendra toutes les précautions pour garantir la sécurité et le bien-être de sa fille. Quand l'homme aime le prétendant et qu'il est convaincu de ses potentialités, le mariage peut-être conclu ; que la femme soit contente ou pas, son avis ne peut rien annuler.

Il suffit que l'homme donne son accord pour que le mariage soit validé. Le culte du mâle était si ancré dans les mentalités et institué que la société traditionnelle fang avait la préférence pour les bébés mâles.

En effet, dans la tradition africaine en général et chez le peuple fang en particulier, on considère qu'à « la femme sans maternité manque la moitié de la féminité »[19].

Cela signifie que c'est dans sa fonction reproductrice, sa capacité à faire des enfants et beaucoup d'enfants qu'on reconnaît la féminité d'une femme. D'autant plus qu'une famille nombreuse constitue une main-d'œuvre disponible et offre la possibilité à l'homme d'immortaliser les noms de ses proches en donnant à chaque enfant le nom d'un être cher, vivant ou disparu.

Avoir des enfants est donc une exigence pour la femme, car ils seront les yeux, les pieds des parents et même des grands-parents quand ces derniers deviendront vieux, fatigués et malades.

Mais la détresse psychologique peut naître chez la femme qui ne met au monde que des filles, car sa belle-famille et l'entourage la dévaloriseront en faisant des gorges chaudes sur une maternité résolument tournée vers les filles.

En fait, même si les Fang sont avides d'enfants, il n'en demeure pas moins que le sexe est pour eux d'une importance capitale. Certes, les filles rapportent des biens et de l'argent à la famille mais elles la quittent, tandis que les garçons restent au village et assurent la pérennité du clan grâce aux nombreux enfants auxquels leurs épouses donneront naissance. C'est pourquoi avoir des fils est non seulement une sécurité pour la femme mais aussi un privilège, car toute la communauté aura des égards envers elle. On l'appellera volontiers « Midzâ » ou « Menâmâ », c'est-à-dire le pilier du village, l'incontournable, l'indéracinable.

Toutes ces appellations concourent à donner plus de poids, de respectabilité, de prestige et de responsabilité à la femme qui a eu la chance de mettre des garçons au monde.

---

[19] Ahmadou Kourouma, *Les soleils des indépendances, Seuil,* Paris, 1970, p. 15.

De nos jours, cette tendance est encore très vivace dans les mentalités, car avoir des filles est synonyme de problèmes à régler, de départ en mariage, de vide à combler. On a donc vu des hommes se remarier parce que leur première femme ne faisait que des filles. Mais si le monde n'est peuplé que d'hommes, qui assurera le rôle de reproduction et portera les garçons que bon nombre d'hommes désirent tant ?

Disons tout net que la suprématie du mâle n'est pas une exclusivité des Fang[20]. La phallocratie est un phénomène universel et même une réalité surprenante dans les sociétés matrilinéaires.

Pierre Darmon affirme à ce propos que : « Le dogme de la supériorité masculine remonte à l'Antiquité ». Bien pis, Au Moyen Age en France, on se demandait encore si la femme avait une âme. Molière, dans *l'Ecole des femmes,* affirme la suprématie masculine à travers Arnolphe âgé de 42 ans. Cet homme rappelle à Agnès qu'il veut épouser et qui n'a que 17 ans certains principes auxquels la femme mariée doit se conformer : « Votre sexe n'est là que pour la dépendance. Du côté de la barbe est la toute-puissance.

Bien qu'on soit deux moitiés de la société, ces deux moitiés pourtant n'ont point d'égalité ; l'une est moitié suprême, et l'autre subalterne ; l'une en tout est soumise à l'autre, qui gouverne ; (...). Et du profond respect, où la femme doit être pour son maître. Lorsqu'il jette sur elle un regard sérieux, son droit aussitôt est de baisser les yeux, et de n'oser jamais le regarder en face que quand d'un doux regard il lui veut faire grâce ».

Plus près de nous, la phallocratie et la misogynie de Napoléon Bonaparte sont connues de tous. Son célèbre code maintenait la femme sous l'autorité tutélaire du mari. Ce n'est

[20] Aujourd'hui, le Nord de l'Inde manque de filles, parce que de nombreuses femmes se sont fait avorter quand on leur annonçait qu'elles attendaient une fille. Résultat : plusieurs hommes vont chercher des femmes à l'étranger.

pas un hasard si la Française n'a commencé à voter qu'en 1944 après de longues années de lutte.

S'agissant de la préférence pour des bébés mâles, on s'aperçoit que toutes les civilisations sont concernées par ce choix discriminatoire. Aristote considérait la femme comme une : « Ebauche, une production incomplète, vicieuse et contraire au but d'une créature qui, dans un ordre plus parfait n'engendrerait que des mâles »[21].

L'histoire rapporte aussi qu'avant l'arrivée de l'Islam, les Arabes enterraient les bébés filles vivantes. Les Chinois, quant à eux, les laissaient croupir à même le sol pendant trois jours avant de s'en occuper.[22]

Aujourd'hui encore, dans bien des cultures, il existe des hommes qui considèrent la naissance d'une ou plusieurs filles comme une malédiction, un accident, une tragédie même. Darmon note à ce sujet, qu'en France, le fermier breton dont la femme a eu une fille dira : « Ma femme a fait une fausse couche ». Les formules qui soutiennent que la naissance d'une fille est une malchance et constitue une déception sont nombreuses.

La primauté accordée au sexe fort et le peu de considération dont on a souvent fait montre envers la femme peuvent-ils expliquer les violences exercées sur elles dans les sociétés traditionnelles du monde entier ?

Dans cet opuscule, nous ne prétendons pas épuiser le sujet sur le mariage forcé dans la société traditionnelle fang, encore moins arriver à le traiter avec méthode. Nous voulons juste soulever une question culturelle qui peut paraître embarrassante et complexe mais qui donne le ton d'un univers où le bonheur de la petite fille est incertain.

A travers des confidences poignantes, les lecteurs et les lectrices découvriront certains aspects de la condition de la

---

[21] Pierre Darmon, op. cit. p. 19.

[22] Idem, p. 26.

femme dans le milieu traditionnel fang, et pourront non seulement approfondir la question, mais tirer leurs propres conclusions.

PREMIÈRE PARTIE

Témoignages

Mariage et violence se rejoignent et se heurtent dans cette partie composée de récits pathétiques et symptomatiques de la condition faite à des jeunes filles moralement et physiquement flétries par des mariages qui leur inspirent un dégoût et une amertume innommables. L'affliction de ces petites filles est si violente qu'elle provoque une sorte de tendance à l'auto-flagellation, à l'autodestruction : la plupart essaient de protester en s'imposant une grève de la faim mais leurs efforts restent vains dans un univers où elles doivent se soumettre aux injonctions paternelles.

CHAPITRE I

Mariée pour un gigot

Pour se protéger des oreilles indiscrètes, la jeune dame âgée de 55 ans a placé un tabouret derrière sa cuisine et m'a invitée à m'asseoir. Elle-même s'était assise sur un petit lit en bambou et avait esquissé un sourire en laissant voir une très belle denture. Légèrement intimidée, elle a commencé son récit sans me regarder. C'était en novembre 1998.

L'histoire de mon mariage est triste et drôle à la fois, je vais essayer de raconter ce dont je me souviens.

Je me suis mariée le jour de ma naissance, en 1947.

Ma mère raconte que ce jour-là, l'homme qui allait devenir mon mari était venu lui offrir un gigot d'antilope tout de suite après son accouchement. Etonnée, elle lui demanda : « Que signifie ce gigot d'antilope ? depuis que je suis dans ce village, je n'ai jamais vu de cadeau venant de toi, qu'est-ce qu'il y a ? ». L'homme lui répondit : « Oui, tu as raison mais il n' y a rien sur terre qui n'ait une signification. Je suis venu demander la main de la fille que tu viens de mettre au monde ».

Ma mère s'est tue et a fait appeler mon père qui lui a conseillé de prendre le gigot. Ce que ma mère ne savait pas, c'est qu'il y avait déjà eu un arrangement entre mon père et mon prétendant. Il paraît que ce dernier avait d'abord voulu épouser ma sœur aînée mais mon père l'avait donnée à quelqu'un d'autre. C'est ainsi qu'il lui avait promis le prochain bébé que sa femme aurait au cas où il serait une fille. Et cette fille, c'était moi. Pour éviter donc de perdre « sa femme » une seconde fois, l'homme s'est précipité pour remettre le gigot et faire une sorte de « réservation ». Sa réservation avait été faite et confirmée par mon père.

Au fur et à mesure que je grandissais, il donnait à mes parents du savon pour moi et venait régulièrement à la maison. Quand j'avais entre cinq et six ans, je me souviens qu'il apportait des papayes, des noisettes, des mandarines et toutes sortes de bonnes choses que les enfants aiment bien. Lorsqu'il était à la maison, ma sœur et moi aimions monter sur ces genoux et il nous faisait bondir. Nous nous amusions bien. Mon père me disait quand il me voyait avec lui : « C'est bien ma fille, c'est cet homme qui va devenir ton mari ». Mais moi, je ne savais pas ce que signifiait un « mari ».

A l'époque, la plupart des enfants étaient nus. Qui pouvait leur acheter des vêtements ?

La vie n'était pas aussi facile qu'elle l'est aujourd'hui. Quand tu avais un bout de tissu, tu étais considéré comme un privilégié. Mon père ne m'a pas du tout envoyée à l'école.

J'ai appris très tôt les travaux domestiques : aller puiser de l'eau, décortiquer les arachides, éplucher la banane, écraser ou piler le manioc, aller à la pêche, etc. Sûrement parce que mon père savait que j'étais mariée et qu'il fallait me préparer à la vie d'épouse et de mère. Et pourtant, mon oncle paternel avait des filles de mon âge et les avait mises à l'école.

Moi, j'étais à l'école de la vie du village et j'apprenais bien. Quand j'eus huit ans, j'ai vu mon père m'acheter deux mètres d'un tissu qu'on appelait le « Nzigam » ». Il m'a ordonné d'aller faire coudre deux robes chez un tailleur du village voisin. J' y suis allée en courant, très contente et très fière, car je n'avais jamais porté de robe. Le tailleur a cousu très rapidement ces robes et mon père m'a donné cinquante francs pour payer les frais de couture.

De retour de chez le tailleur, nous sommes allées à la pêche, mes cousines et moi. Nous avons attrapé des silures et beaucoup de crevettes. Quand nous sommes revenues de la pêche, nous avons trouvé ma mère en train d'apprêter toute une cuvette de poisson pour le fumer.

Elle semblait triste et reniflait comme si elle avait pleuré. Je lui ai dit : « Si j'avais su qu'il y aurait autant de poisson dans cette maison, je ne serais pas allée me tuer à vider l'eau de la rivière ».

Ma mère ne m'a pas répondu et s'est mise à pleurer. Ne comprenant pas bien les raisons de son chagrin et n'osant pas poser plus de questions, je suis allée m'asseoir et j'ai commencé à manger des feuilles de manioc aux noix de palme, avec de la patate. J'avais à peine avalé une bouchée que mon père entra à la cuisine où nous étions. Il m'a prise brutalement par la main, je me suis mise debout, et il a lancé à ma mère : « Fais-lui prendre un bain et mets-lui l'une des robes qu'on lui a cousues. C'est aujourd'hui qu'elle va en mariage ! ». Je suis restée les yeux grandement ouverts et j'ai dit sans réfléchir : « En mariage ? Mais chez qui ? ».

Mon père m'a sommée de me taire et d'aller me laver rapidement, car la nuit allait tomber, il fallait se dépêcher. Je me suis lavée et ma mère m'a aidée à m'habiller.

Ensuite, elle a mis dans un panier du poisson ainsi que d'autres produits que je n'ai pas bien distingués. Mon père a invité ses deux frères, sa première femme et ma mère à faire partie de la délégation.

Nous nous sommes mis en route pour le village de mon mari qui se situe à un kilomètre environ de chez moi. Quand j'ai vu mon village disparaître derrière moi, je me suis mise à pleurer. Mon père m'a donné une gifle bien appliquée et m'a tenu fermement le bras, croyant peut-être que j'allais m'enfuir. Plus je pleurais, plus fort il me tenait. Nous sommes arrivés la nuit dans ce village que je connaissais bien. Mais j'ignorais à qui on allait me marier.

On m'a enfermée dans une chambre. Je croyais être dans un rêve, car les choses se sont passées très vite. Dehors, on chantait en mon honneur et j'essayais de saisir le nom de mon mari dont on vantait aussi les mérites. Les chants ont duré presque toute la nuit.

A un moment donné, je me suis mise à pleurer seule dans la chambre. Personne n'est venu me voir dans la soirée, même pas ma mère. Fatiguée par tous ces chants et par tout ce qui m'arrivait, je me suis endormie. Quand je me suis réveillée le matin, je n'ai pas tout de suite reconnu les lieux, je me croyais encore dans la cuisine de ma mère.

C'est une femme que je n'avais jamais vue qui était venue m'ouvrir la porte.

C'est à ce moment-là que j'avais constaté que mes parents et mes oncles étaient partis. J'ai voulu fuir parce que je connaissais le chemin du village, mais l'homme qui venait régulièrement à la maison pour nous donner des fruits m'a attrapée. Il m'a portée dans ses bras comme un bébé et m'a laissée à la cuisine où se trouvait sa première femme avec qui il n'avait pas d'enfants. Il m'a donc fait asseoir et m'a donné l'ordre de ne pas bouger de là parce que j'étais déjà en mariage.

J'ai pleuré longtemps, repoussant du pied tout ce qu'on me proposait à manger. Mon mari, irrité me giflait pour que je mange mais je refusais tout. J'ai commencé à maigrir. C'est quand je me suis sentie faible que j'ai décidé de manger. Mais je ne parlais ni à mon mari, ni à sa femme. Autant j'aimais bien mon mari quand j'avais cinq ans, six ans, autant je le trouvais maintenant vieux et laid. La première chose qu'il m'a interdite, fut d'aller dehors.

Ensuite, il m'a expliqué que je n'avais pas le droit de passer devant les maisons mais derrière, quand j'allais puiser de l'eau et quand j'en revenais. A l'époque, il y avait un groupe de danse « Elône » en vogue qui égayait les habitants du village tous les samedis soir. Je n'avais pas le droit d'y aller. Dès que mon mari savait que cette danse devait avoir lieu, il apprêtait ses hameçons, courait chercher des vers et m'emmenait faire de la pêche nocturne (alûû), à huit ans et demi. Quand on se rendait à cette pêche nocturne, j'entendais les tam-tams et les tambours retentir derrière moi.

Mon cœur se remplissait de tristesse et de haine. Les autres samedis, il faisait ses bagages pour que sa femme et moi allions camper dans la forêt où il posait ses pièges pour attraper pangolins, porcs-épics et autres animaux.

Nous restions dans la forêt des semaines entières sans mettre les pieds au village. Nous dormions à trois dans le même lit et ils me mettaient toujours derrière eux.

Quand on rentrait au village, on croisait souvent des cousines de mon âge qui revenaient de l'école tandis que moi, je croulais sous le poids d'un panier plein de gibier fumé. Quand je les voyais descendre vers mon village, j'avais les larmes aux yeux, car mon mari m'interdisait d'y aller.

Je trouvais cela très cruel d'autant plus que j'avais encore besoin de ma mère.

Or, je m'ennuyais auprès de ce couple de vieux. J'étais très triste de les voir m'imposer leurs activités et leur univers de vieux. Je les haïssais tellement que je ne les appelais jamais par leur prénom.

Quand j'avais besoin de dire quelque chose à l'un ou à l'autre, j'allais directement au but. Ils me frappaient pour m'obliger à les appeler par leur nom. Mon mari criait sur moi et disait : « Comment tu peux vivre avec des gens sans les nommer ? Tu as déjà vu cela où ? ».

Mais plus ils me brutalisaient, plus je me taisais. Mon père, chez qui mon mari s'était plaint est venu me frapper lui aussi pour les mêmes raisons. Ses coups de chicotte n'ont rien arrangé. Bien au contraire ! Voyant que je ne changeais pas, ils ne m'en ont plus parlé. Le jour le plus noir et le plus inoubliable de ma vie a été celui où il fallut aller au lit avec mon mari, trois mois à peine après mes premières règles. Ce fut affreux. Je me rappelle, il avait tué un rat-palmiste et me l'avait donné vers 17 heures. Je me suis mise à le passer dans le feu pour brûler les poils. Il est venu me trouver quelques instants après et m'a dit : « Je vais saluer tes parents, quand tu auras fini de préparer le rat-palmiste, tu iras arranger mon lit. C'est ce soir que tu viens me trouver ».

Lorsqu'il m'a annoncé cette nouvelle, j'ai commencé à transpirer abondamment. Je ne tenais plus en place. Je pensais : « Mon Dieu, c'est cette nuit que j'irai monter derrière le vieux dos de ce vilain homme ». Je n'avais même pas terminé de nettoyer le rat-palmiste. Je l'avais posé sur le fumoir en bambou et j'étais partie chez moi oubliant qu'il y était allé. La nuit commençait déjà à tomber quand j'y suis arrivée. C'était juste au moment où mon mari prenait congé de mes parents et criait à mon père qui était assis au corps de garde : « A pepa, pepa, je retourne au village, ça fait déjà longtemps que j'ai laissé ma femme ».

Ayant reconnu sa voix dans l'obscurité, je me suis cachée. Je l'ai même vu passer non loin de ma cachette. Je suis sortie après son passage et j'ai marché lentement, le dos recourbé pour arriver derrière la cuisine de ma mère où je me suis trouvé une autre bonne cachette. Une fois rentré, mon mari a constaté mon absence. Il est revenu rapidement chez mes parents pour dire que j'avais disparu et pour savoir si je me cachais là. J'entendais tout ce qu'il disait parce qu'il avait l'habitude de parler à haute voix.

Mon père lui a répondu que je ne me trouvais pas au village. Le croyant déjà parti, je suis entrée discrètement dans la cuisine de ma mère.

Ma grande sœur était là en congé de maternité. Elle m'a dit à voix basse que mon mari me cherchait partout. Je lui ai répondu que je l'avais entendu. Je venais à peine de m'asseoir quand la première femme de mon père est entrée pour annoncer je ne sais quoi à ma mère, qui n'était même pas là. Dès qu'elle m'a vue, elle s'est mise à parler à voix haute pour dire que mon mari me cherchait. Mon père l'avait malheureusement entendue et vint à la cuisine pour me donner des gifles.

Mon mari qu'on croyait parti était caché quelque part sous l'atangatier[23]. Il en est sorti quand il a appris qu'on m'avait retrouvée. Il entra donc à la cuisine et me prit par la main pour m'entraîner dehors. Mon père l'a encouragé à m'emmener le soir même. Je pleurais. Ma mère et d'autres personnes sont intervenues pour supplier mon père d'éviter de me laisser partir la nuit disant qu'il devait d'abord chercher les raisons pour lesquelles je m'étais enfuie. Mon père accepta de me laisser passer la nuit chez ma mère. Le lendemain matin, mon frère aîné, qui était au collège et se trouvait au village pour les vacances, s'est mis en colère contre mon père et lui a reproché de m'avoir mariée à un vieux et de me traiter avec brutalité alors que je n'avais tué personne.

Mon père n'a rien voulu savoir et a au contraire demandé à mon mari qui était là depuis le chant du coq de m'emmener. Il lui a donné un bâton pour qu'il me frappe sur le chemin du retour au cas où je ne voudrais pas avancer. Moi, je n'étais pas pressée, je suis allée à pas de tortue et mon mari m'a frappée avec le bâton que mon père lui avait remis. Les gens qu'on rencontrait lui déconseillaient de me frapper, car disaient-ils, s'il me blessait ou me cassait un membre, mon père ne reconnaîtrait plus en avoir donné l'ordre. Mais en fait, mon père l'aimait tellement qu'il n'aurait même pas réagi s'il m'avait blessée.

Quand nous sommes arrivés chez lui, mon mari me fit asseoir brutalement sur le mortier et me montra le bâton en disant : « Si tu oses encore t'enfuir, ce bâton se cassera sur ton corps ».

La nuit, il m'a entraînée dans sa chambre, mais je ne me suis pas laissé faire, j'ai crié pour que le voisin et sa femme soient réveillés. Mes cris le perturbaient tellement qu'il me mettait les mains devant la bouche mais je le mordais, je lui donnais des coups de pied. Il a été obligé de me lâcher. Je suis allée dormir à la cuisine. Mais il vint me tirer du lit avec brutalité très tôt le matin et me demanda de le suivre chez mon père.

---

[23] Arbre dont les fruits sont très prisés au Gabon.

Nous y sommes allés. Il fit savoir à mon père que je refusais d'être sa femme et que je criais comme si j'avais en face de moi un lion. Je n'oublierai jamais la manière dont mon père est intervenu ce jour-là. Il a dit à mon mari devant moi : « Si elle continue à refuser de coucher avec toi là-bas, tu viendras coucher avec elle ici, dans la cour. Je ne vois pas quel autre homme elle épousera ; c'est toi qui es son mari et tu le resteras ! ». Après de telles paroles, que pouvais-je encore faire ?

J'étais obligée de me sacrifier. J'appelle ça « sacrifice » parce que ni le cœur, ni le corps, ni la tête n'étaient dans cette histoire-là.

Quand il m'eut touchée au moins une fois, il devint d'une jalousie déplacée et morbide. Par exemple, non loin du village, il y avait une belle et grande rivière où les enfants et les adultes allaient se baigner : il m'a formellement interdit d'y aller. Un jour, il m'a invitée à la danse « Elône » et m'a autorisée à danser pendant qu'il aidait à battre le tam-tam. Mais ses yeux n'étaient fixés que sur moi. Tout à coup, alors que la danse battait son plein, il a obligé les autres batteurs à s'arrêter pour ordonner à un jeune homme d'éviter de me regarder fixement. A la fin de la danse, il me dit avec agressivité : « Lui et toi vous vous parliez avec les yeux, qu'est-ce que vous vous disiez, je peux te faire mal comme ça, hein ! » Moi, j'ignorais ce qu'il avait remarqué et je ne savais pas ce que c'était « parler avec les yeux ». Il est devenu si fou, si jaloux que j'en ai souffert chaque jour.

Si encore je l'avais aimé ! Notre grande différence d'âge rendait sa jalousie plus lourde à porter. Aucun homme n'entrait chez nous, aucun jeune homme n'osait s'approcher de sa concession. Il me soupçonnait d'être la maîtresse de tous les gens du village. Un jour, nous nous sommes rendus dans un village situé à quelques kilomètres de son village pour rendre visite à l'un de ses amis.

Deux jours après, sur le chemin du retour, un jeune homme à vélo qui allait dans le même sens que nous, s'est arrêté à mon niveau croyant que j'étais avec mon père.

Il m'a proposé de hâter le pas afin de nous éloigner un peu de lui. J'ai répondu au jeune homme que celui qu'il croyait être mon père était plutôt mon mari.

Le jeune homme poussa un tel cri – sous le regard fulminant de mon mari – qu'il faillit perdre le contrôle de son vélo.

Lorsque nous sommes arrivés au village, une dispute éclata entre mon mari et moi, car il m'a accusée d'avoir mis au point un scénario pour le narguer et parler librement avec un autre homme. Or, il n'en était rien.

Souvent, les autres filles de son village venaient me chercher pour que nous allions pêcher des écrevisses et des crevettes. Il m'autorisait à aller avec elles, mais nous ne savions pas qu'il nous suivait pour écouter nos conversations et surveiller mes faits et gestes.

Il restait caché tant que la pêche durait et sortait de sa cachette lorsque nous arrivions à la grande rivière où il m'avait interdit de me baigner.

Au moment où je me déshabillais comme les autres pour me baigner un peu, il surgissait des buissons avec une gaulette et m'obligeait à regagner le village immédiatement.

Quand je le voyais arriver, j'avais peur et j'abandonnais là ma corbeille de crevettes, sous le regard ébahi des jeunes filles. Il se lançait alors à ma poursuite. Je courais plus vite que lui dans l'eau. Je trouvais rapidement la piste qui conduisait à mon village. Mais il ne se fatiguait pas et me poursuivait jusque chez mes parents. Nous arrivions tous les deux essoufflés en couple mal assorti, lui derrière, moi devant. Je n'avais même pas le temps d'entrer dans la cuisine de maman que papa allait chercher un bâton qu'il avait soigneusement arrangé et avait caché dans le gros fumoir « Akang ». Il le donnait à mon mari pour qu'il me mît à plat ventre et me corrigeât devant lui.

Dès que mon mari avait terminé de me frapper, il lui recommandait de m'emmener sans chercher à comprendre. Celui-ci ne se faisait pas prier et me narguait parce qu'il savait mon père entièrement de son côté. J'avais envie de me suicider parce que ma vie était celle d'une esclave. Je n'avais pas d'endroit où aller me réfugier quand il m'obligeait à aller dans son lit ; je subissais ses assauts.

Je n'ai donc jamais connu ce que vous appelez aujourd'hui l'amour ; c'est quoi l'amour pour moi ? Tout ce que j'ai fait à cette époque, je l'ai fait par contrainte, par obligation.

Quand mon mari m'emmenait en voyage, il était fier de me présenter à tout le monde. Alors que moi, j'avais honte de lui. Le contraste entre lui et moi était trop visible et même très gênant pour qui savait regarder.

Nous avons eu cinq enfants et il m'a soupçonnée à chaque fois de l'avoir trompé, d'avoir fait ces enfants avec des jeunes du village alors qu'il n'en était rien. Mon père m'avait d'ailleurs interdit de commettre un adultère, car disait-il, l'adultère d'une femme peut tuer son mari.

Il avait ajouté que si jamais je déshonorais mon mari et ma famille en commettant l'adultère, il me tuerait avec son fusil. J'ai donc suivi ses conseils jusqu'à ce que j'aie eu mes cinq premiers enfants. J'en ai eu neuf au total.

Mais je ne pouvais pas rester éternellement soumise à la volonté de mon père et à celle de mon mari. En fait, quand tu montres à un homme que tu es docile, que tu es là à cause des enfants, il te traite comme une chienne. J'avais déjà cinq enfants et les choses allaient tant bien que mal entre nous.

Une nuit, il a eu besoin de moi mais j'ai refusé.

Il a donc commencé à me frapper avec un gros bâton et m'a blessée au dos. Je suis repartie chez moi le dos inondé de sang pour montrer à mon père les agissements de son gendre préféré. Comme d'habitude, mon mari m'a suivie. Mon père, au lieu de le reprendre, lui a conseillé de me ramener et de me frapper parce qu'une femme ne doit avoir une telle attitude envers son mari. C'est à ce moment-là que ma mère, silencieuse et effacée jusque-là, s'est dressée contre mon père et mon mari. Elle a dit ouvertement à ce dernier : « Tout ce que tu as fait à cette enfant suffit maintenant.

Elle n'est pas une esclave ni un animal pour qu'on la batte tout le temps. Si elle revient encore ici avec des marques ou des blessures sur son corps, je ferai tout ce que je pourrai pour qu'elle ne soit plus chez toi, même si vous avez des enfants. Tu te prends toi-même pour qui ? ».

Ma mère avait parlé avec une si grande fermeté comme aurait dû le faire mon père depuis longtemps, que ni mon mari ni mon père n'ont ajouté un mot. J'ai même remarqué une modification dans le comportement de mon mari après l'intervention de maman. Il devenait moins brutal, plus humain. J'ai allaité mon cinquième enfant pendant trois bonnes années pour que mon mari ne s'attende pas à quoi que ce soit de moi.

J'en avais assez de lui. L'entourage commençait à jaser et prétendait que mon enfant aurait des vers, qu'il allait mourir, etc. Apeurée, je l'ai sevré mais j'ai décidé de ne plus aller avec mon mari parce qu'il me dégoûtait. J'avais besoin d'arrêter de faire des enfants pendant deux ou trois ans.

De plus, je voulais être un peu libre pour vendre des produits vivriers en ville et acheter du pétrole et du savon dont je manquais souvent. Cette décision n'a pas plu à mon mari qui cherchait tout le temps la bagarre mais n'osait plus se montrer violent après l'intervention vigoureuse de ma mère. Un jour, j'ai trouvé un peu de banane, de légumes et de la canne à sucre pour aller les vendre en ville.

Mais là-bas, les choses se sont très mal vendues et j'ai dû passer des heures entières au marché pour tout vendre. Au moment de rentrer au village, je n'ai pas trouvé de car et j'ai été obligée de dormir en ville. Lorsque je suis rentrée le lendemain, mon mari m'a demandé pourquoi j'avais passé la nuit en ville. Je lui ai expliqué que les produits ne s'étaient pas vendus vite et que tous les cars étaient partis.

Il s'est mis dans une colère folle et m'a poussée violemment. Je suis tombée sur une vieille cuvette rouillée qui m'a blessée à l'arcade sourcilière. Là, je ne me suis plus laissé faire. Je l'ai tapé avec tout ce que je ramassais par terre : bouteille, bâton, caillou, etc. Je me suis mise dans une grande colère, car ce vieillard voulait que j'implore le vampire et que je meure.

Après une bagarre très violente, je suis partie en ville pour déposer plainte contre lui. L'homme de la « maison des palabres » l'a convoqué ainsi que mon père. Quand je suis venue lui remettre la plainte, on lisait la crainte dans son regard : il n'aimait pas la ville et se sentait plus à l'aise au village. A « la maison des palabres », tous les gens qui nous ont vus arriver ont crié d'indignation quand il s'est fait connaître et qu'il a dit que j'étais sa femme. Il avait l'air d'être mon grand-père. On m'a entendue et on l'a entendu.

Après nos dépositions, on m'a demandé qui était mon père dans la salle, je l'ai montré.

Le responsable de « la maison des palabres » s'est tourné vers lui et lui a dit : « Je ne sais pas si tu as voulu sacrifier ton enfant à des fins mystiques en la donnant à ce vilain. J'aurais dû t'enfermer tout de suite parce que tu es le genre de père que la justice doit punir. Tu dois même être un sorcier pour avoir donné ta jolie fille à ce varan ». Mon mari a voulu prendre la parole pour se justifier, on l'a sommé de se taire sinon on l'enfermerait dans l'immédiat. En plus, on a exigé qu'il me dédommage pour tout le mal qu'il m'avait fait, alors qu'il aurait dû me ménager compte tenu de sa laideur et de son âge avancé. Depuis le jour où nous avons comparu devant ce tribunal à la fois traditionnel et moderne, mon mari n'a plus jamais été violent envers moi.

Il est devenu gentil et n'a plus permis à qui que ce soit de faire des remarques sur mon comportement. J'ai eu quatre enfants avec un autre homme, sans qu'il dise quoi que ce soit. Quand certains de ses parents allaient le voir dans le secret pour lui conseiller de prendre une décision parce que je faisais des enfants avec un autre homme, il leur répondait : « Parlez, continuez de parler.

Ma femme est ma femme, elle n'est pas votre femme. Si elle a un enfant, je vais le reconnaître même s'il n'est pas de moi ».

Les mauvaises langues, découragées, ne disaient plus rien. Il aimait ses propres enfants et ceux que j'avais eus avec un autre homme et ne faisait jamais de différence entre eux. Quand il est décédé, ses sœurs ont failli me brimer, mais certaines personnes le leur ont déconseillé parce qu'elles avaient vu comment j'étais avec mon mari et comment il était avec moi.

Je ne l'avais jamais aimé mais dès que nous avions eu des enfants, j'avais commencé à m'occuper de lui et de sa vieille femme qui était devenue aveugle. Je ne voulais pas qu'il lui arrivât quelque chose de mal. Depuis qu'il est mort, ma vie a changé. Quand il vivait, il chassait, il pêchait, mes enfants ne mouraient pas de faim.

Aujourd'hui, nos enfants sont devenus grands. Quand ils viennent en vacances, ils sont obligés d'acheter du gibier et du poisson alors qu'ils n'auraient jamais dû le faire si leur père avait été vivant. Ce que je peux dire pour finir, c'est qu'il n'est pas bien de marier une fille à un homme qu'elle n'aime pas quelles que soient les raisons invoquées. Elle doit elle-même choisir son mari. Si ça ne marche pas après, elle sera responsable de son choix.

Quand on te marie sans amour et que ton mari te fait souffrir, c'est comme si on te disait de porter deux sacs de cacao et de te mettre debout sous le lit.

Ma vie a été comme ça, une vie où il fallait tout accepter, tout supporter. Quand je vois les femmes de mon âge écrire et parler français, je deviens triste et j'ai honte, même si je lis bien la Bible fang. Enfin ! Qu'est-ce que je peux encore faire ? Ce qui est fait est fait. Tout cela appartient au passé, il faut espérer que tous les parents, qu'ils vivent au village ou en ville, comprendront qu'il est mieux de laisser leur fille ou même leur garçon se marier par amour et pour lui-même et non pour le père, ni la mère, ni même la famille.

CHAPITRE II

Le papillon aux ailes brûlées

Alors que la jeune femme âgée de 40 ans, venait de mettre une grosse marmite pleine de bâtons de manioc au feu et qu'elle rangeait le pilon et le grand mortier dans un coin de sa cuisine, je fis mon entrée sans frapper. C'était un après-midi de 1996. Elle fut surprise de me voir si tard. Je lui expliquai que j'avais besoin du récit de son mariage. Elle fit semblant de ne pas m'avoir entendue et me demanda si je n'avais pas aperçu son mari dehors. Je la rassurai. Elle alla prendre des arachides dans une corbeille et se mit à les décortiquer. Je m'assis en face d'elle et je mis le magnétophone en marche.

Avant moi, ma mère avait déjà eu cinq filles et un garçon. Elle espérait un garçon quand elle m'attendait. Mais elle a eu une fille. C'est pourquoi elle m'appela « Ndâ begoane », c'est-à-dire la maison des filles.

Je ne me souviens pas de l'année où je suis allée à l'école pour la première fois. Mais je sais que j'y suis allée comme tout autre enfant peut le faire. De toutes les filles de ma mère, je suis la seule à avoir poussé mes études un petit peu. Mes grandes sœurs ont été mariées en bas âge et n'ont jamais été à l'école.

Fière de pouvoir aller à l'école, j'étais aussi très intelligente. Parfois, quand un élève du CE1 ou du CM1 avait des problèmes de lecture, on venait me chercher au CP2 pour lire à sa place. Tous les maîtres m'aimaient bien, car lorsqu'un élève est intelligent, il a souvent l'estime des maîtres.

Je travaillais si bien que mon maître m'avait proposé de passer le certificat d'études alors que je me trouvais encore au CM1. J'ai passé l'examen et je l'ai réussi. Plusieurs élèves du CM2 l'avaient raté. J'étais si contente de moi que je me voyais déjà au collège, mon grand rêve.

D'autant plus que je voulais être maîtresse d'école... Après la proclamation des résultats, j'avais vite couru pour annoncer la nouvelle à mes parents. Mais mon père était à la chasse et ma mère se trouvait à la plantation située non loin du village. J'ai couru là-bas et je l'ai trouvée en train de semer les arachides. Je l'ai appelée : « A Nâh, Nâh, j'ai été admise au certificat ». Ma mère était courbée, elle s'est redressée et a commencé à pleurer. J'étais restée muette d'étonnement. Je ne comprenais pas ce qui lui arrivait.

Choquée, je lui ai dit : « Mais... Nâh, je t'annonce une bonne nouvelle, je viens d'être admise au certificat et toi, tu pleures. Qu'est-ce que qu'il y a ? ». Elle m'a regardée avec tristesse et m'a répondu « Ndâ, ma fille, je ne peux ni sauter, ni pousser des cris de joie, car je sens que ton père a l'intention de te donner en mariage ces grandes vacances. C'est pour cela que je pleure.

Ton certificat ne te servira à rien ». « Quoi ! En mariage ! », me suis-je exclamée. Au fond de moi, je pensais : « Je viens annoncer une si bonne nouvelle à Nâh, voici ce que je reçois en retour ».

Je suis partie de la plantation sous le choc, je ne sentais plus mes jambes. J'ai eu un mal de ventre aussitôt. C'est comme si on venait de m'annoncer que j'allais mourir. J'avais l'impression de sortir brutalement de la lumière et d'entrer dans les ténèbres. Je ne savais pas exactement ce qui m'arrivait. Si j'avais eu un vampire dans le ventre à ce moment-là, je m'en serais servie pour mettre un terme à ma vie.

Quand je suis revenue au village, mes cousins, mes frères et bien d'autres personnes m'ont félicitée mais ils ignoraient ce que je ressentais au fond de moi. Eux non plus ne devaient pas connaître les intentions de mon père. Je me suis enfermée dans ma chambre et j'ai commencé à pleurer : « Mon Dieu ! je ne deviendrai donc pas maîtresse ! Je n'ai que douze ans et demi, comment vais-je faire pour échapper au mariage ! Qui est cet homme à qui on va me donner ? » Je savais que mes sœurs étaient mariées à des hommes très âgés et que mon père me ferait une faveur en me laissant entrer au collège et avoir la possibilité de choisir mon mari plus tard. Je me faisais des idées.

Maman est rentrée de la plantation quelque temps après et s'est mise à me consoler. Ses paroles réconfortantes m'ont calmée et m'ont aidée à ne plus trop penser à ce sujet sordide qui allait briser ma vie. Quand mon père est arrivé, je ne lui ai pas annoncé que j'avais été admise.

Cela valait-il la peine ? A vrai dire, l'école n'avait jamais eu de l'importance au yeux de mon père, car selon lui, personne n'avait jamais vu une femme instruite. Seul le mariage donne la valeur à une fille. C'est pourquoi il a marié toutes ses filles. J'étais la dernière en lice.

Quand le mois de septembre est arrivé et que les élèves se sont préparés pour la rentrée, j'avais presque oublié qu'on avait l'intention de me donner en mariage. Mes cousines et moi avions continué à aller à la pêche, et à chercher du bois. Je n'avais pas eu le temps de penser à autre chose.

Un jour, nous sommes revenues de la rivière avec un peu d'eau potable. Nous avons roulé des bouts de tissu sur nos têtes, afin que les récipients pleins d'eau puissent tenir en équilibre et nous sommes rentrées gaiement au village. Tout à coup, des personnes se sont adressées à moi : « Ah Ndâ, il y a plein d'étrangers dans la maison de ta mère ; ils sont venus t'épouser ».

Je croyais que ces gens-là plaisantaient. Je me suis souvenue aussitôt de ce que ma mère m'avait appris à la plantation et j'ai commencé à pleurer, le récipient sur la tête. Dans la maison de maman, j'ai trouvé de nombreuses personnes dont les visages m'étaient inconnus. J'ai posé ma marmite sur la grande étagère prévue à cet effet et je suis sortie sans dire bonjour à personne. Je me suis enfermée de nouveau dans ma chambre pour pleurer. Je me disais « Mon Dieu ! donc cette histoire est vraie ! Je ne pourrai donc plus aller au collège et devenir maîtresse ! ».

J'ai eu l'idée de faire intervenir mon maître qui est venu trouver mon père. Il lui a expliqué que j'étais intelligente, que j'avais de l'avenir et qu'il ne regretterait pas du tout de m'avoir laissé poursuivre les études. Mon père lui a répondu avec fermeté : « La tradition m'autorise à faire de ma fille ce que je veux et de la donner à qui je veux. C'est moi qui l'ai mise à l'école en attendant, et c'est moi qui ai décidé de la marier. Je n'ai de conseil à recevoir de personne. Reste dans ton école et laisse-moi décider les choses de mon village ».

Mon maître n'a plus trouvé à redire et s'est retiré. Qui d'autre pouvait encore intervenir en ma faveur ? Personne.

Mon père et ceux qui sont venus m'épouser se sont échangé des cadeaux, je n'ai pas assisté à leurs bêtises. Il paraît que mon père a reçu une forte dot. J'ai été constamment dehors quand ces choses-là se sont passées. Je suis restée seule derrière la cuisine de maman pour pleurer. Quand les étrangers sont partis, ma mère et mon père ont commencé à se disputer. Ma mère jurait que je ne partirais pas en mariage, mon père affirmait que c'était lui le chef, que j'irai épouser l'homme qu'il avait choisi. J'ai cru qu'ils allaient se battre. Mon grand-père maternel est arrivé pour convaincre ma mère de faire la volonté de mon père, ma mère ne voulait rien entendre. Ma mère a finalement cédé quand mon grand frère qui était instituteur à l'époque est arrivé pour les vacances.

Mon frère lui a demandé de laisser mon père faire, car, bientôt, il n'aurait plus de fille à marier ; « on verra s'il sera capable de marier les garçons qui restent. Mieux vaut qu'il n' y ait plus de fille à la maison ». Bien entendu, mon grand frère était contre mon mariage mais il avait adopté une telle position pour éviter que mon père ne se montrât brutal avec ma mère. Il savait de quoi il était capable. Ma mère est donc revenue sur sa position et s'est mise à me dorloter, à me demander de rester calme et d'éviter de me faire du mal. J'ai recommencé à pleurer même si ma mère faisait tout pour me consoler.

Le jour où l'on devait m'emmener arriva. Ma mère refusa de venir avec nous. Elle pleurait comme si elle avait perdu un être cher. Moi aussi je pleurais. Elle m'a ensuite donné un tissu, je n'oublierai jamais cela, et elle m'a dit : « Va, mon enfant, va ma fille. Quand tu arriveras là où on t'emmène, on te coudra une robe avec ce tissu. Ne pleure plus, va ». Pendant que ma mère essayait de me consoler, mon père s'impatientait dehors et me demandait de me dépêcher. Mais je continuais de pleurer. Il est venu me menacer et m'a sommé de me taire et de me mettre en route, sinon, il allait utiliser la manière forte.

Les gens qui m'accompagnaient lui ont fait remarquer qu'il était trop dur avec moi, alors qu'il devrait plutôt chercher à me ménager compte tenu des conditions difficiles dans lesquelles la séparation se passait. Mécontent, il est parti avant nous et nous a crié qu'il irait nous attendre au village voisin. J'ai donc laissé ma pauvre mère effondrée de douleur.

Moi, j'ignorais où l'on emmenait. Je ne savais même pas qui était mon mari. Faisait-il partie des gens qui étaient venus dans mon village ? Je n'en savais rien. Je suis donc partie en mariage à treize ans alors que je venais d'avoir mon certificat d'études. Pour l'époque, c'était assez rare de l'avoir à cet âge-là. Nous sommes arrivés au village de mon mari dans l'après-midi. On m'a aussitôt cachée dans une chambre et c'est trois jours après qu'on a pu me présenter à tout le village. C'est aussi ce jour-là que j'ai vu l'homme auquel j'étais destinée.

Agé de cinquante ans environ, il était marié et avait des enfants de mon âge. Je ne l'aimais pas du tout ; je le trouvais vieux et j'avais honte qu'il fût mon mari. Mais que pouvais-je faire ? Mon père avait décidé qu'il devînt mon mari. Après la cérémonie, mon père et d'autres gens du village sont partis. Je me sentais mal à l'aise. Je n'avais personne à qui parler vraiment. Mon mari m'avait préparé une petite chambre où je dormis d'abord seule parce que dans la tradition, la fille ne doit pas aller avec son mari tant qu'elle n'a pas encore ses règles.

J'ai eu mes règles deux semaines après le départ de mes parents. J'étais en train de piler les feuilles de manioc que je devais préparer pour ma belle-famille comme le veut la tradition, je me suis levée pour aller me soulager et c'est là que je me suis aperçue que j'étais déjà mûre.

Je me disais : « Mon Dieu ! pourquoi c'est ici et maintenant que j'ai cette chose-là ! Cela aurait dû m'arriver quand j'étais à côté de ma mère ! ». J'étais affolée. Je suis revenue piler les feuilles de manioc mais le cœur n' y était plus. Je me suis trouvé des bouts de tissu avec lesquels je me suis garnie tant bien que mal. Personne ne m'avait jamais appris comment il fallait faire.

Je ne voulais pas non plus en parler aux proches de mon mari, car je savais qu'on allait me pousser dans les mois qui suivaient à avoir des relations sexuelles avec lui.

Souvent, dans nos villages, dès qu'un homme âgé épousait une fille plus jeune, les parents de cet homme guettaient la puberté de la fille et souhaitaient qu'elle fît rapidement des enfants. C'était une garantie pour qu'elle restât en mariage, car très peu de femmes acceptaient d'abandonner leurs enfants. Pour éviter donc qu'on ne me jetât dans le lit de mon vieux mari, je prenais toutes les précautions pour ne rien laisser voir. Mais les sœurs de mon mari commençaient à me poser des questions étranges et je faisais semblant de ne pas savoir de quoi elles parlaient. J'ai donc eu mes règles pendant sept mois au moins sans que personne ne le sût. Il y avait une jeune fille de quinze ans qui avait déjà un enfant et qui était mariée elle aussi à un homme du village.

Mes belles-sœurs lui avaient demandé de devenir ma copine afin de m'espionner. Cette fille est venue vers moi et nous sommes devenues des inséparables. Nous nous entendions si bien que nous allions partout ensemble. J'étais loin d'imaginer son véritable rôle à mes côtés. Un jour, nous sommes allées nous baigner, je l'ai entendue s'exclamer en disant que ses règles viennent d'arriver et qu'elle a souvent des problèmes pour trouver des serviettes hygiéniques. Naïvement, je lui ai dit que les miennes arriveraient bientôt et que j'avais les mêmes problèmes qu'elle.

Rentrée au village, elle a tout raconté à mes belles-sœurs lesquelles m'ont harcelée le soir même pour que j'aille absolument avec mon mari. Je commençais à pleurer. J'avais si peur que mon cœur battait très fort. Je pensais que je mourrais si cet homme âgé me touchait.

Il était grand et costaud alors que j'étais plutôt mince et que j'avais l'air fragile. Je voyais le soir arriver avec angoisse. Je trouvais toujours quelque chose à faire pour éviter de monter dans ma chambre. Quelle que soit l'heure à laquelle j'allais me coucher, mon mari m'attendait et renouvelait sa demande traumatisante. Mais il ne me battait pas même si ses sœurs lui avaient déjà suggéré de me frapper au cas où je continuerais à refuser l'acte sexuel. J'ai fait marcher mon mari pendant cinq mois au moins. Nous dormions dans un même lit mais je gardais mes habits et je lui tournais le dos.

Quand il essayait de me toucher, je me débattais et je lui donnais des coups de coude.

Mais j'ai fini par me laisser faire quand j'ai vu qu'il commençait à me menacer. Je me souviendrai toujours de la douleur, de l'horreur que j'ai ressentie. Je me sentais à la fois agressée et souillée et j'ai décidé qu'il ne me toucherait plus. Je me suis enfuie dans mon village. Là-bas, je me suis rendu compte que j'étais déjà enceinte. Comment cela était-il possible ? Il ne m'avait touchée qu'une fois !

J'ai gardé la grossesse et j'ai eu un garçon. J'avais quatorze ans. Après l'accouchement, je n'ai plus voulu retourner chez mon mari malgré les menaces de mon père.

Voyant ma détermination, mon père l'a fait appeler pour qu'il vienne « compter » sa dot mais mon mari a refusé de venir. Mon père a donc décidé lui-même de me ramener de force chez mon mari. J'ai fui vers la rivière, laissant mon bébé à la cuisine avec ma mère. Mon père a fait appel à des gens costauds qui se sont lancés à ma poursuite. Ils m'ont rattrapée et m'ont reconduite immédiatement chez mon mari en me tenant fermement par les bras. Une autre personne portait mon bébé.

C'est donc entre deux hommes que je suis arrivée dans le village de mon mari. J'avais honte de moi mais j'étais obligée d'accepter ma condition. Je me suis donc réinstallée avec la haine dans le cœur. C'est à ce moment-là que la femme de mon mari a entrepris de mener une guerre sans merci contre moi en multipliant des scènes de jalousie de tous genres.

Si elle avait pu savoir que ni elle, ni son mari ne comptaient pour moi ! Elle n'aurait jamais commencé ses scènes ridicules ! Mais elle me provoquait sans arrêt.

Pour la faire enrager, j'ai décidé de m'occuper de son mari malgré moi en lui lavant son linge et en lui donnant à manger alors que je ne faisais pas ces choses auparavant. Il faut dire que mon mari était un homme très calme et respectueux. Malgré mon jeune âge, il me respectait quand même.

J'ai cherché à dominer la haine et le mépris que j'avais pour lui. Ce n'était pas toujours facile. Nous avions eu cinq enfants en sept ans. Je lui avais été entièrement fidèle, car c'est dans cet esprit que j'avais été élevée. Mon mari ne me donnait pas beaucoup de liberté et ne permettait pas que j'aille me faire coiffer ou que je me promène. J'étais constamment à la maison.

Il a commencé à être très agressif avec moi quand j'ai sevré mon cinquième enfant. En fait, dans nos traditions, une femme ne doit pas avoir de relations sexuelles pendant l'allaitement. Les choses ont peut-être changé aujourd'hui, mais à l'époque de ma grand-mère, c'était strictement interdit. Moi aussi j'ai continué de respecter cette règle.

Après le sevrage de mon cinquième enfant, j'ai constaté que mon mari avait des problèmes de virilité. Le comble, c'est qu'il m'a accusée d'être à l'origine de son impuissance. « Moi ! Comment l'aurais-je fait ? Je ne savais même pas qu'une telle chose pouvait arriver à un homme ! Personne ne m'en avait jamais parlé avant ». Il a persisté à m'accuser et a précisé « qu'il était un homme » quand il allait avec sa première femme mais qu'il était impuissant quand il venait chez moi.

Cela signifiait que j'avais commis des adultères. Or, je n'avais jamais été avec un autre homme. Je ne sortais pratiquement jamais de notre concession sauf pour aller à la plantation. Il a répandu la nouvelle dans tout le village en insistant sur le fait que je « l'avais tué » pour commettre le maximum d'adultères. Je me défendais comme je pouvais mais il insistait au point de m'entraîner chez les féticheurs lesquels n'arrêtaient pas non plus de m'accuser, de me traumatiser. Je pleurais tout le temps, je disais n'importe quoi. Si ç'avait été un homme que j'avais choisi qui avait porté une telle accusation contre moi, je crois que je me serais suicidée. Mais je me disais que mon père m'avait donné à un vieux, que je n'avais qu'à subir les conséquences et que Dieu lui-même m'aiderait à surmonter toutes les pressions psychologiques que les féticheurs, mon mari et les autres gens du village exerçaient sur moi.

J'en avais tellement marre d'être accusée injustement que je suis repartie chez moi et c'est là-bas que j'ai décidé de tromper mon mari, non avec des gens âgés comme lui mais avec des jeunes.

Je suis même allée passer quelques mois en ville où j'ai enfin rencontré quelqu'un qui avait l'air de connaître beaucoup de choses que j'ignorais.

J'ai commencé à l'aimer et je suis tombée enceinte. J'ai eu six enfants avec d'autres hommes après cette histoire honteuse. Mais ce n'est pas ce style de vie que j'aurais voulu mener. Mon désir avait toujours été d'épouser un homme jeune que j'aurais aimé et que j'aurais choisi moi-même. Mais le destin et mon père en avaient décidé autrement. C'est en allant avec les jeunes que j'ai compris que l'impuissance de mon mari était due à son âge et non à moi.

Cela me révoltait qu'il me rendît responsable d'une incapacité qu'il savait lui-même naturelle. Après avoir vagabondé à gauche et à droite, je suis revenue dans le village de mon mari. Ce dernier était bien entendu scandalisé. Il avait remarqué que je n'étais plus la même. Nous faisions chambre à part et cela le rendait encore plus agressif. Il ne touchait jamais les enfants que j'avais eus dehors. Il reconnaissait n'avoir fait que trois enfants avec moi.

Ce qui était absolument faux. Le climat était tendu entre nous, mais je faisais tout pour ne pas répondre à ses diverses attaques verbales afin d'éviter la bagarre. Grâce aux conseils de ma mère et de mes grandes sœurs, j'ai pu tenir jusqu'à ce que mon mari lui-même comprît qu'il m'avait épousée quand j'étais jeune et lui vieux et que l'âge était en train de lui prendre ce qu'il avait de plus cher : sa virilité. Il a donc cessé de m'importuner mais en vouant une grande haine aux enfants que j'avais eus avec d'autres hommes.

Heureusement que mes cinq premiers enfants ont grandi et sont devenus de braves garçons qui mènent une vie rangée ! L'aîné que j'ai eu à quatorze ans est déjà à l'université.

Les trois autres ont eu le bac et sont dans de grandes écoles. Quand je vois mes enfants grandir et tous les efforts qu'ils font pour réussir à l'école, la joie inonde mon cœur.

Je vois mon passé devenir moins lourd à porter. Souvent, quand leur père et moi avons des problèmes, ils interviennent et nous donnent de sages conseils.

Les enfants de la première femme de mon mari ont beaucoup d'estime pour moi, car ils voient mon comportement dans le village. Ils m'ont donné certaines responsabilités au niveau de la gestion de leurs biens. Cette marque de confiance me réjouit le cœur et me donne envie de rester dans le village de mon mari.

Un jour, Dieu me permettra aussi de voir mes enfants travailler. Ainsi, s'occuperont-ils de leurs petits frères et me feront-ils oublier toutes mes frustrations et mes rêves brisés.

CHAPITRE III

Les enfants, sa seule raison de vivre

La voix douce et le très joli visage de cette femme de 65 ans lui donnaient un air sympathique et maternel. Sa cuisine était spacieuse et bien entretenue. Elle confectionnait des paquets de silure dans lesquels elle avait mis soigneusement du « boboro essâng »[24]*, un peu de citronnelle et du piment. En 2000, je m'étais assise à côté d'elle pour mieux admirer l'habileté avec laquelle elle attachait ses paquets. Elle me proposa ensuite « l'ossoura medzaga » (feuilles de manioc salées aux arachides) que je mangeai avec appétit. Après avoir mis ses paquets de silure au feu, elle me demanda si l'on pouvait commencer. Je répondis « oui » la bouche pleine. Je mis ensuite le magnétophone en marche.*

On m'a mariée très jeune, je devais avoir 6 ans. Je me souviens encore de cette époque. Je revenais de la rivière avec ma sœur, j'ai trouvé plein d'hommes au corps de garde. Mon père était assis au beau milieu des ces gens. Quand il m'a vue passer, je l'ai entendu dire à ceux qui étaient autour de lui : « Voilà la personne dont je vous ai parlé ». J'étais loin de me douter qu'on était en train de me marier et que mon mari versait tout simplement la dot à mon père.

Personne ne m'a consultée ni même tenue au courant de ce qui se passait. Ce que je sais, c'est qu'un matin, mon père, homme très autoritaire, a demandé à ma mère de préparer mes affaires. Ma mère s'est exécutée aussitôt et a mis mes petits effets dans un baluchon. Mon père a ensuite désigné les membres de la

---

[24] Oseille aux feuilles larges, très prisée par les Fang du Nord du Gabon.

famille qui devaient m'accompagner chez mon mari. Vers midi, nous nous sommes mis en route pour le village de ce dernier.

Ma mère et la première femme de mon père étaient de la partie. Je me rappelle qu'un de mes oncles me portait sur ses épaules ; j'étais trop jeune pour marcher.

De temps en temps, il me laissait marcher toute seule mais j'avais mal aux pieds et je pleurais. Nous nous sommes arrêtés dans un petit village pour nous reposer.

J'ai vu un homme à la mine étrange qui se promenait torse nue avec une couverture autour des reins et une canne à la main.

Il me faisait si peur que mon père a menacé de me le donner comme mari si je continuais de pleurer.

Je me suis tue aussitôt, car j'aurais préféré devenir la femme de n'importe qui plutôt que d'être la femme de cet homme au visage terrible et à l'allure inquiétante.

Après quelques heures de repos, nous nous sommes remis en route. Nous avons marché longtemps à travers la forêt avant d'atteindre le village de mon mari. Je me suis même endormie dans les bras de mon oncle. Nous sommes arrivés chez mon mari la nuit. Les femmes de ce village se sont mises à pousser des cris de joie (Oyang) et à chanter.

Je ne comprenais pas très bien pourquoi. Ma mère avait l'air joyeuse. Le fait de la voir souriante me rassurait. Je pensais surtout que nous étions venus à une fête quelconque, car on nous avait égorgé des moutons, des poulets et des cochons. Il y avait beaucoup de bonnes choses à manger. L'ambiance était plutôt gaie. Pendant deux jours, les femmes chantaient et dansaient. J'étais heureuse et je me disais qu'on était arrivé dans un village bien agréable où les gens étaient si généreux et si gais. Quatre jours après notre arrivée, j'ai vu ma mère un matin, les yeux pleins de larmes.

J'étais surprise et inquiète à la fois. Je ne comprenais pas cette tristesse alors qu'on était si bien nourri. Ma mère, elle, savait que l'heure de la séparation approchait et qu'on devait me laisser dans mon foyer conjugal. Sa coépouse et d'autres femmes l'entouraient et lui demandaient de ne pas laisser couler les larmes devant moi.

Voyant la peine de ma mère, je suis allée m'asseoir à côté d'elle et je lui ai demandé pourquoi elle pleurait.

Elle n'osait pas me regarder. Toutes les femmes qui étaient autour d'elle se sont tues. L'une d'entre elles a appelé quatre petites filles qui avaient à peu près mon âge et les a suppliées de m'emmener dehors pour jouer. Je ne voulais pas aller jouer mais j'ai fini par céder parce que maman, qui cachait mal son chagrin, me l'a demandé. Dans la cour, je n'avais pas le cœur aux jeux, j'avais plutôt envie de retourner dans la cuisine où se trouvait maman. C'est ce que je fis.

Mais maman n'y était plus. Aucun membre de la famille ne se trouvait là. Il n'y avait que des vieilles femmes dont le rôle était de veiller sur moi. Je me suis mise à pleurer et à chercher maman partout. Ces femmes m'ont dit sur un ton de moquerie que j'étais mariée et que mes parents étaient partis. Je ne savais quoi dire ni quoi faire. Je me suis jetée par terre et j'ai poussé des cris stridents.

J'ai eu envie de fuir mais je ne connaissais pas le chemin qui conduisait au village. J'ai arrêté de pleurer quand l'homme qu'on disait être mon mari m'a donné une papaye.

C'était la première fois que je le voyais. Il avait à peu près l'âge de mon père mais était petit avec un gros ventre et des dents en moins. J'ai commencé à me faire petit à petit à ma nouvelle condition.

Je n'étais plus sûre de revoir ma mère et mes sœurs ! J'en voulais à mon père lequel était parti sans m'adresser la parole.

Cependant, je sympathisais avec d'autres filles de mon âge. Nous allions cueillir des goyaves et elles m'emmenaient de temps en temps pêcher les écrevisses. Toutes ces sorties me faisaient oublier mon village mais ma mère me manquait beaucoup. On m'avait surnommée « Atoreyéto » parce que j'étais petite et dodue. Je paraissais même plus âgée que mon âge. Mon mari s'était arrangé pour que je fusse toujours accompagnée de ses nièces de mon âge. Mariée déjà à une femme qui pouvait être ma mère, il emmenait sa première femme et moi dans la forêt pendant des mois pour camper et semer ou déterrer les arachides.

Au campement, quand il y avait le clair de lune, je pensais très fort à ma mère. J'aurais donné tout ce que j'avais pour la revoir. Je voulais revoir aussi ma sœur cadette avec qui j'avais pris l'habitude de jouer quand la lune éclairait tout le village. Mais dans ce campement perdu au milieu d'une forêt aussi immense que mystérieuse, je n'avais droit qu'au hurlement des hiboux et au chuintement des chouettes. Quelle vie sans joie ! Quelle tristesse d'être séparée de ma mère à l'âge où d'autres jeunes filles étaient encore avec les leurs !

J'avais envie de mourir, je cherchais dans ma tête ce qui pouvait me tuer mais l'idée d'être de nouveau avec ma mère me faisait changer d'avis.

Mon mari était assez gentil lorsque nous étions au campement et qu'il rentrait de la chasse ou de la pêche : il m'apportait soit un petit oiseau, soit des alevins, soit des fruits sauvages. Mais je ne l'aimais pas. Il fumait la pipe. De mon lit de branchage, je l'entendais ronfler la nuit et ce ronflement m'effrayait.

Sa femme me battait quand je ne remplissais pas correctement mes devoirs domestiques. Un jour, elle était si fâchée contre moi qu'elle m'a lancé que son fils[25] n'épouserait pas une sotte de mon genre. Elle m'a expliqué ensuite que j'étais destinée à épouser son fils unique parti en ville pour faire des études de pasteur. Cette nouvelle m'a laissé indifférente. Ce qui m'importait, c'était de repartir dans mon village. Un jour, je jouais dans la cour du village avec mes copines, j'ai entendu quelqu'un m'appeler pour me dire : « Atôreyétô, ta mère

---

[25] Chez les Fang, un père pouvait choisir une jeune fille pour son fils. Ici, la petite fille croit que l'homme qui l'élève est son mari. Or, il n'est que le père de son jeune époux qui se trouve en ville.

arrive ! ». J'ai abandonné mes compagnes de jeux et j'ai couru vers maman le cœur inondé de joie. Je lui ai demandé sans attendre si elle était venue me chercher. Elle a souri et a répondu « oui ». J'ai poussé un ouf de soulagement.

Pendant les deux jours que maman a passé chez mon mari, je n'avais plus faim, je voulais que nous partions dans l'immédiat. Je croyais rêver. Ma mère était bien là, en chair et en os ! Je sautais de joie, je criais, je riais, je m'amusais avec ma petite sœur qui avait à peu près un an. Seules les femmes qui ont été mariées jeunes peuvent comprendre les sentiments qui m'animaient.

Mon mari a enfin accordé l'autorisation à ma mère de m'emmener pendant deux semaines. Ma mère et moi sommes parties à pied. Je ne lui ai même pas laissé le temps de dire au revoir aux femmes du village : j'avais filé comme un éclair. A quoi cela servait-il de saluer tous ces gens bizarres qui me considéraient comme une femme mariée malgré mon âge.

Nous avons marché longtemps, j'avais mal aux pieds mais je ne pleurais pas. Le désir de revoir mes sœurs et le clair de lune de mon village me donnait le courage de marcher pieds nus pendant des heures et d'escalader avec zèle les troncs d'arbres qui jonchaient notre chemin. Quand je boitais, il arrivait que ma mère me mît dans son panier en même temps qu'elle portait le bébé. Nous sommes arrivées dans mon village à la nuit tombante, sous l'œil indifférent de mon père.

Mes sœurs en revanche, criaient et sautaient de joie. Le lendemain, nous avons couru à la rivière pour nous baigner. J'étais si heureuse, j'avais retrouvé mon milieu, ma vraie vie. Je ne pensais plus à retourner là-bas. Je me disais au fond de moi : « Merci mon Dieu ! je suis arrivée, j'ai revu le lieu de ma naissance ». Mais je me suis réjouie trop tôt. Les deux semaines ne s'étaient même pas encore écoulées que mon mari était déjà venu me chercher.

Nous l'avons vu apparaître la nuit alors que maman nous disait des contes au coin du feu. Il avait un gros gibier dans sa besace. Il le déposa aux pieds de maman. Qu'est-ce qu'il était laid et sale ! C'est sûr qu'il revenait directement de la chasse.

J'avais le cœur gros et j'en voulais à ce vilain homme trapu. Qu'était-il venu encore faire ici ? C'est à ce moment précis que j'ai compris que j'étais mariée. Je l'avais déjà oublié depuis que j'avais retrouvé mon village et ma famille.

La nourriture que ma mère avait préparée ce soir-là était amère. Je suis allée au lit très tôt mais je n'arrivais pas à m'endormir. Je me retournais plusieurs fois et je ne pensais qu'à mon prochain départ. Le lendemain, mon mari a expliqué à mes parents qu'il était venu me chercher parce que j'avais dépassé le nombre de jours fixés. J'ai commencé à pleurer, je ne voulais plus retourner là-bas. Mon père s'est mis à me blâmer et à me menacer de mort si jamais je m'obstinais à rester. Une fois de plus, je me suis résignée.

Ma mère a apprêté mon petit panier en y mettant des arachides et de la banane. Elle m'a aidée à porter le panier et nous a accompagnés jusqu'à la rivière où j'aimais me baigner avec mes sœurs.

Voir ma mère partir et laisser la rivière « Ngwü » derrière moi m'a fait fondre en larmes. Je me suis retournée une dernière fois et en voyant ma mère disparaître à un virage, je me suis mise à pleurer de plus belle.

Mon mari énervé m'a lancé : « Tu pleures parce que tu veux montrer à tes parents que je te maltraite ; c'est ton père qui t'a donné en mariage, il fallait refuser ; je te demande de te taire, sinon je te frappe bien comme il faut ». Je n'avais rien à répondre et j'ai vite séché mes larmes.

Au bout de deux à trois heures de marche, nous étions de nouveau dans son village. J'étais fatiguée à cause de la marche et du panier que j'avais porté : « Mon Dieu ! pourquoi me punis-tu ainsi ? pourquoi suis-je obligée de revenir dans ce village ? », me disais-je. Pendant deux jours, je refusais de manger, je ne pensais qu'à ma mère. La première épouse de mon mari a essayé d'être plus gentille que d'habitude mais sa gentillesse ne pouvait égaler celle de ma mère. En fait, une autre mère peut vous donner le maximum, mais ne peut jouer le rôle de votre propre mère. Ma mère était irremplaçable. Souvent, mon mari m'emmenait à une fête religieuse à moins de trente kilomètres de chez lui. Il m'achetait des beignets de banane et de farine.

Cela me faisait oublier ma vie de misère. Un jour nous y avons rencontré la première femme de mon père. Je croyais voir ma mère à travers elle ; j'étais heureuse d'avoir des nouvelles du village.

Elle m'a acheté des chaussures en plastique parce que j'étais pieds nus. Elle n'arrêtait pas de dire : « Ma pauvre petite fille, ma pauvre petite fille ». Je me suis encore mise à pleurer en entendant ses paroles. Mon mari, que mes larmes énervaient, m'a lancé un regard sévère qui m'a fait taire tout de suite. J'avais des idées sombres. Je pensais : « Marier une petite fille contre sa volonté à un homme âgé peut conduire à la mort. Rencontrer un membre de sa famille sans avoir tout le temps de rester avec lui est une chose insupportable et dramatique. Si l'on se retourne pour le voir partir et si l'on pleure, l'homme qui t'a achetée t'accable d'injures et de reproches ». Je me sentais si impuissante et si apeurée que je me soumettais entièrement à la volonté de mon mari.

Un dimanche après-midi, pendant que je dormais dans la cuisine de ma coépouse, mon mari est venu me réveiller pour m'annoncer que l'homme à qui j'étais destinée était arrivé pour les vacances. Les yeux à moitié fermés, je suis allée lui dire bonjour dans la maison principale. J'avais neuf ans environ. Ce jeune homme était grand, beau et propre.

Tout le contraire de son père qui était mon beau-père, tout compte fait. Il avait des dents très blanches et un joli sourire. Il parlait souvent le français avec les jeunes de son âge. Je l'admirais beaucoup et je l'aimais même dans mon cœur.

Il me regardait souvent avec curiosité, cela m'intimidait. Je l'ai entendu faire le reproche à son père de m'avoir gardée au village sans m'envoyer à l'école. Il s'est mis à m'apprendre à lire en fang et il promit de m'apprendre l'alphabet français aux prochaines vacances.

Il était très gentil avec moi et m'appelait « Flavienne ». Plus j'apprenais à le connaître, plus mon jeune cœur de neuf ans l'aimait. A côté de lui, je me sentais moins seule et moins malheureuse.

Mais il ne pouvait rester plus longtemps au village : il devait repartir en ville pour ses études.

Quelques mois après son départ, alors que nous étions encore couchés, nous avons été réveillés par des clameurs et des pleurs. Quelqu'un était venu annoncer le décès de mon jeune mari. On a appris qu'il était mort dans d'atroces souffrances et délirait. Il paraît qu'il avait commandé en France, chez « Madame Mila », un stylo magique pour être le meilleur de sa promotion. La mort de ce jeune homme a été une véritable tragédie pour sa famille et pour moi. Moi qui croyais enfin avoir trouvé quelqu'un qui m'aimait un peu et pour qui mon cœur battait !

Je me posais de nombreuses questions. A qui allait-on me confier maintenant ? A son père ? A l'un de ses cousins ? Les gens du village venaient me voir, s'apitoyaient sur mon sort et disaient : « Pauvre petite fille, elle commençait déjà à s'habituer à l'autre. Pourquoi le destin est-il aussi méchant ? ». On m'avait épargné des pratiques qu'exige le veuvage (rasage des cheveux, brimades, etc..), à cause de mon jeune âge je crois, ou bien parce que je n'avais jamais vécu avec ce jeune homme.

J'ignore si mes parents avaient été mis au courant de cette nouvelle. Quelque temps après, ma mère est revenue me chercher pour que j'aille m'occuper de son bébé pendant qu'elle déterrait les arachides. J'avais neuf ans et demi. Mon « beau-père » m'a laissé partir malgré lui et a précisé qu'il m'accordait un mois. Il est vrai qu'il me gardait un peu comme une relique, après la mort de son fils et craignait de me perdre.

Je suis tout de même partie avec ma mère sans regarder derrière moi, le cœur plein de joie. Qu'est-ce qui me retenait encore dans ce village, puisque celui que « j'aimais voir » était déjà mort ?

Mon deuxième séjour auprès de mes sœurs et de ma mère fut agréable. Nous allions aux champs tous les matins et je veillais sur ma petite sœur que maman couchait à l'ombre d'un gros arbre. Nous faisions un feu de bois, mangions du maïs grillé et des arachides cuites à l'eau : « Megnume Nkoulou » ». Je suis restée dans mon village pendant un mois environ. Mon « beau-père » vint me chercher alors que nous nous préparions pour aller au « Centre » : genre de point d'attraction, de grand marché où l'on pouvait vendre les produits de la terre (cacao, café) et acheter en retour du savon, du tabac, du sel, des tissus, de l'huile, des beignets, des bonbons et toutes sortes de bonnes choses. C'était le lieu rêvé pour tous les enfants de mon âge. Quand j'ai vu cet homme franchir le seuil de la cuisine de ma mère, j'ai commencé à pleurer. Je n'avais jamais pleuré aussi longtemps et aussi fort de ma vie. Mon père a commencé ses insultes et ses menaces mais je ne me taisais pas et je pleurais de plus belle. Ma mère a essayé de me consoler en promettant de revenir me chercher dans très peu de temps, je ne l'écoutais pas et je poussais des cris plus aigus encore.

Elle avait pourtant commencé à remplir ma petite hotte d'arachide et de banane mais je renversai la hotte d'un coup de pied.

Me voyant pleurer avec autant de force et agir avec autant de détermination, mon père grogna et me lança : « Grosse sotte, tu ne t'en vas plus aujourd'hui, ta mère ira t'accompagner dans deux jours, quand tu auras fermé ta vilaine bouche.

Va te préparer là-bas pour aller au « Centre », grosse gourmande ».

Les insultes de mon père ne me faisaient plus rien ; j'avais obtenu ce que je voulais : ne pas retourner là-bas et aller au « Centre ». Mon « beau-père » lui, était reparti, mécontent.

Mon père l'a rassuré et lui a dit : « Va, sa mère viendra laisser cette sotte dans quelques jours ».

Au « Centre », mes sœurs et moi nous nous sommes amusées comme des folles. Lorsque nous nous regardions, nous éclations de rire. Ma sœur cadette me disait gaiement « Kié é, tu n'es plus partie », je lui répondais : « Pas du tout, j'ai fait exprès de pleurer longtemps, pour que papa me laisse venir au « Centre » ». Nous étions heureuses de nous retrouver là avec notre mère, même si nous n'avions pas d'argent.

Le fait d'être au « Centre » était une grande victoire contre mon deuxième retour « là-bas ». Après avoir acheté quelques morceaux de savon, de l'huile et du poisson salé « abame ékono », nous sommes retournées au village.

Ma mère n'est pas allée me raccompagner parce que je pleurais à chaque fois qu'elle se décidait. Aussi, remettait-elle toujours mon retour à plus tard. Quelques mois après, on vint nous apprendre la mort de mon « beau-père ». Ses frères sont venus réclamer la dot et ont voulu même chercher des histoires à mon père. Comme la dot s'élevait à 30 000 francs, mon père leur a remboursé 10 000 francs à la première demande, 5000 francs à la seconde. Ensuite, il n'a plus rien voulu rembourser malgré leurs nombreuses visites et leurs protestations.

C'est ainsi que je suis restée veuve sans avoir rien connu du mariage, sans avoir eu le temps d'apprécier la personne que mon père avait choisie pour moi. Mais mon veuvage n'a pas duré bien longtemps. Un jour, nous étions allées dans la forêt chercher des fruits sauvages « Mvout ». Au retour, j'appris qu'un notable du village voisin était venu demander ma main pour son frère qui travaillait comme chauffeur de camion à Bitam, petite ville frontalière.

Il avait déjà versé 80 000 francs de dot, somme considérable et prestigieuse pour l'époque.

Dans nos coutumes, plus la dot était élevée, plus les parents de la fille se sentaient fiers.

J'ai donc épousé mon deuxième mari à dix ans et demi. Je n'avais toujours pas droit à la parole.

Une fois que le mariage avait été accepté par mes parents, je devais m'exécuter.

J'ai été conduite presque aussitôt dans le village de mon nouveau mari, je n'ai pas du tout pleuré, car on m'avait assurée que mon mari travaillait en ville, et s'occuperait très bien de moi ainsi que de toute ma famille.

Mon nouveau mari, m'a-t-on dit, avait trente-cinq ans environ et était encore célibataire.

Cependant, dans son village, nous avons été moins bien reçus.

Ce dont je me souviens, c'est que certaines femmes m'ont fait prendre un bain matinal en faisant des compliments sur la pureté et la beauté de ma peau. Pendant un mois environ, je devais rester dans la maison comme le voulait la coutume. C'était pénible pour moi parce que j'avais envie d'aller jouer avec les autres enfants.

Mon beau-frère et son épouse s'occupaient très bien de moi. Les grandes sœurs de mon mari surveillaient l'évolution de mes seins. De temps en temps, elles m'emmenaient à la rivière pour vérifier que je n'avais pas « l'étoân » : anomalie qui montre qu'une fille impubère a déjà été soit avec un garçon de son âge, soit avec un homme plus âgé. Si l'on découvrait cette anomalie, elle avait droit à quelques gouttes « d'assôâ » dans le vagin pour lui apprendre la prudence et la fidélité. « L'assôâ » était fait d'un peu d'eau, de piment fort, de fruits acides, d'écorces d'arbres, de toutes sortes d'herbes au goût âpre.

Comme aucun garçon ne m'avait jamais touchée, je passais donc brillamment mon examen.

En dehors de cet examen que je n'aimais pas du tout, je vivais bien. Personne ne me blâmait. Bien au contraire ! Quand j'ai eu treize ans, je suis allée rejoindre mon mari en ville. C'était la première fois que je voyais cet homme, grand, mince, à la mine sévère. Il n'était ni beau ni laid. Il me parlait souvent avec autorité et rudesse. J'avais peur de lui et de la ville. Pendant les trois premiers mois, je dormis avec ma belle-sœur, laquelle était l'épouse d'un riche polygame. Mon mari me négligeait et ne m'apportait jamais rien du dehors. Quand on vendait des beignets, j'avais envie de lui demander de m'en acheter mais je n'osais pas. Il ne m'apprenait ni la vie de la ville, ni ce qu'une femme doit être. J'étais complètement livrée à moi-même.

Souvent, j'avais faim parce qu'il ne me donnait pas d'argent. J'étais parfois obligée de puiser quatre ou six seaux d'eau à des femmes de mon quartier pour avoir quelque chose à manger en retour. J'étais triste et j'avais même commencé à regretter mon précédent mariage où je mangeais à ma faim et où mon « beau-père » était plein d'attention pour moi. Nous ne sommes pas restés longtemps à cet endroit. Nous sommes partis dans le village où mon mari devait conduire le camion d'un de ses cousins. Là-bas, la vie était moins misérable. Son cousin était polygame et ses femmes me nourrissaient comme elles pouvaient.

Avec les jeunes filles de mon âge, nous allions à la pêche et je préparais moi-même le poisson que j'avais attrapé sans rien donner à mon mari. Il mangeait la nourriture de ses belles-sœurs.

C'est à cet endroit que j'ai eu mes premières règles, à treize ans et demi.

J'étais désemparée et surtout, j'avais honte d'en parler aux femmes qui étaient là. Il fallait me protéger avec des vieilles nippes que je découpais en petits morceaux. Mon mari ne me demandait rien et me parlait à peine. Je pensais que le mariage était ainsi fait : les gens devaient rester sans se parler. Je me débrouillais comme je pouvais.

Un matin, je l'ai vu monter dans son camion ; je ne savais pas où il allait. J'ai appris par ses belles-sœurs qu'il avait une course urgente à faire en ville. Il n'avait même pas pris la peine de me dire au revoir. Je le trouvais bizarre.

Il était parti, m'avait-on dit, pour un jour. Il est resté deux mois sans donner de nouvelles. Quelque temps après, il a fait dire par quelqu'un que je ne connaissais pas que je devais le rejoindre à Minvoul, une autre petite ville située à 300 km de là où je me trouvais.

Comment allais-je faire ? Moi qui ne m'étais jamais déplacée toute seule et qui étais si timide !

Il aurait pu quand même prendre la peine de venir me chercher, car il savait très bien que j'étais une villageoise. Son cousin m'avait expliqué que je devais prendre un car et descendre chez un riche commerçant nommé Nembot.

C'était lui qui était censé me conduire à Minvoul. Le cœur amer, j'ai commencé à ranger les marmites et mes quelques assiettes dans une hotte, puis j'ai noué mes petits effets vestimentaires dans un baluchon. Avant d'emprunter le car qui devait m'emmener chez le riche commerçant, j'ai dû d'abord marcher 10 km, la hotte au dos, seule avec mes marmites qui faisaient un bruit énervant et rassurant à la fois. Arrivée à l'endroit où j'étais censée prendre le car, tout était calme.

Les cars étaient déjà passés. A l'époque, les gens allaient plus à pied plus qu'en voiture. Les voitures représentaient un véritable luxe. J'attendis une heure sur la route et j'ai vu un de mes beaux-frères arriver. Je lui ai brièvement expliqué ma situation. Il m'a tenue compagnie et a arrêté un camionneur qu'il connaissait en lui recommandant de me déposer chez ma belle-sœur qui me conduirait ensuite chez Nembot. Je pris donc place à côté de cet homme que je n'avais jamais vu auparavant.

Nous n'étions que deux dans le camion et j'avais peur.

Après avoir roulé pendant un moment, il s'arrêta dans un village qu'il devait bien connaître et m'annonça que son camion était tombé en panne. Pendant des heures, il allait, venait, ouvrait le capot, murmurait des choses que je ne comprenais pas.

Ensuite, il entra dans une maison tandis que j'étais assise au corps de garde. Quelque temps après, il me fit appeler par un jeune homme. Sans me douter de quoi que soit, j'ai répondu à son appel. Il était dans la chambre et me demanda d'entrer. Ce que je fis mais je me tenais debout.

Il m'a expliqué que le camion n'était pas en panne, il avait juste trouvé un prétexte pour passer la nuit avec moi. Je me suis mise à pleurer et je lui ai dit en pleurant que j'étais jeune et que je ne connaissais pas encore les hommes. Comme il a vu que je tremblais de tous mes membres, il m'a ordonné de sortir de la chambre et d'aller dans le camion. Je suis sortie et il m'a rejointe tout de suite après sans plus m'adresser la parole jusqu'à notre arrivée.

Il m'a laissée chez ma belle-sœur à qui je n'ai pas osé raconter cette mésaventure. Ce jour-là, j'ai eu mes règles pour la quatrième fois. La seule culotte que j'avais était trempée et mes vieilles nippes étaient restées au village. Que faire ! je me suis levée au petit matin pour mettre l'eau à chauffer et laver ma culotte afin de la faire sécher avant mon départ. Dieu merci, ma belle-sœur a été réveillée par le bruit que je faisais à la « toilette » et m'a surprise en train de vouloir me nettoyer. Sans rien dire, elle est repartie et est venue me remettre un bout d'étoffe assez propre pour me garnir. C'est à ce moment-là que j'ai eu le courage de lui avouer que je n'avais qu'une seule culotte et qu'elle était mouillée. Elle m'a fait cadeau d'une culotte qui avait plein de petits trous.

Elle m'a ensuite accompagnée chez Nembot qui m'a mise aussitôt dans la voiture de l'un des employés. Le voyage a été long parce que la route était cahoteuse. J'avais encore pris place à côté d'un chauffeur et je me suis rendu compte que je m'étais salie. J'avais honte. Heureusement que nous sommes arrivés la nuit ! Là encore, je me suis sentie obligée de découper un de mes habits pour me garnir. J'ai retrouvé mon mari aussi indifférent que d'habitude. Je ne lui ai fait ni reproche ni remarque. Lui aussi ne m'a pas demandé si j'avais fait un bon voyage. Nous étions « comme ça » ; nous parlions peu. Nos relations intimes se sont passées dans l'indifférence. Je suis tombée pourtant enceinte un mois après mon arrivée. Je devais avoir quatorze ans. Je ne savais pas ce qui m'arrivait. J'ignorais tout des malaises d'une femme enceinte. J'étais souvent malade et j'avais envie de sucer des choses acides.

Mon mari n'était pas plus attentionné qu'avant. Souvent, j'essayais moi-même de monter sur des mandariniers pour cueillir quelques fruits. J'ai failli tomber alors que j'étais enceinte de trois mois. Je menais une vie de dénuement presque total ; je me sentais malheureuse et j'avais déjà une mauvaise opinion sur le mariage.

J'ai eu ma première fille à quatorze ans et demie. Comme le veut la tradition, je suis allée en congé de maternité chez ma mère pour qu'elle me « fasse l'eau chaude »[26].

Pendant mon congé de maternité, mon mari ne m'a envoyé ni savon, ni eau de toilette, ni rien. Il a même pris une concubine et m'a complètement oubliée. Je voulais que ma fille fût correctement habillée parce que son père travaillait en ville, mais elle manquait de tout ou presque.

Heureusement qu'elle avait des tantes ! C'est l'une d'entre elles qui lui acheta des tas de petites choses et me donna aussi des vêtements. C'était une femme aimable, remarquable et respectable. Entre temps, mon mari avait encore changé de ville. Je l'ai donc rejoint à son nouveau lieu de travail. Ma fille avait déjà vingt-deux mois. Mes conditions de vie, au lieu de s'améliorer ont empiré. Souvent, mon mari partait des semaines entières avec son patron sans me laisser aucun argent. Savait-il au moins que j'avais besoin de manger ainsi que ma fille qui n'était plus au sein ? Heureusement qu'un couple de voisins âgés nous donnait à manger !

Comme ils n'avaient pas d'enfants, ils aimaient bien prendre la petite qui les aimait aussi. Ils la gavaient tellement de biscuits et de bonbons que ma fille avait pratiquement déserté la maison et se débattait quand j'allais la chercher.

---

[26] L'eau chaude a des vertus incontestables chez les Fang et permet à l'accouchée de retrouver assez rapidement la fermeté et la tonicité de son corps.

Un matin, alors que j'étais en train de piler les feuilles de manioc que la voisine m'avait données à préparer, j'ai vu mon mari arriver après une semaine d'absence. Sans me saluer ni rien, il me dit d'une voix presque sèche : « Va te laver les pieds, et habille-toi, nous allons en ville ». Je me suis levée et j'ai couru vite me laver les mains et les pieds. J'ai eu juste le temps d'enfiler la robe que ma marraine m'avait offerte. Il m'attendait debout.

Quand il me vit arriver, il me hurla : « Où vas-tu nu-tête, tu ne peux pas mettre un beau foulard ? ». Je n'en avais pas. J'ai couru chez la voisine qui m'en a prêté un. Je l'ai mis en vitesse et j'ai suivi mon mari qui ne me regardait plus. Je suis montée à côté de lui. Mes règles sont apparues aussitôt. Etait-ce l'émotion qui les avait provoquées ? Je n'en sais rien.

Ce dont je me souviens, c'est que je n'avais pas de culotte. Pour éviter de me salir, je serrais les cuisses et je me suis arrangée pour être assise sur le côté.

Mais où m'entraînait-il ? Etait-il arrivé quelque chose de grave ? C'est lorsque nous sommes arrivés à la Mairie que j'ai compris qu'il était venu me chercher pour le mariage à l'Etat-civil. J'avais honte de moi, de mon état. Quel genre de type étais-je venue épouser ? me disais-je.

Il aurait pu quand même m'avertir ! Je le suivais sans rien dire et il me laissa plantée là pour bavarder avec deux hommes. D'autres personnes se mariaient en même temps que nous.

J'ai remarqué que toutes les femmes portaient des robes blanches, des gants et des longs foulards.

J'étais la seule à avoir une robe ordinaire sans rien dessous, sauf un flux abondant que j'essayais de contenir du mieux que je pouvais. Les hommes et leurs femmes, à un moment donné, étaient bouche contre bouche. Ils souriaient et avaient l'air heureux. Je regardais tout cela avec curiosité et étonnement. Je me demandais si nous étions venus faire la même chose qu'eux ! Ils étaient si détendus et fiers ! Le Blanc qui devait nous marier s'appelait Monsieur « Tousser ».

Je ne connaissais pas son vrai nom. Il paraît que les gens l'avaient surnommé ainsi parce qu'il toussait sans arrêt.

Lorsque notre tour fut arrivé, Monsieur « Tousser » me regarda étrangement et demanda mon âge.

Je ne comprenais pas le français, c'est mon mari qui répondait aux questions à ma place. On me donna l'ordre de tracer une croix dans un cahier, je le fis avec lenteur. Après cette chose inutile et incompréhensible, je suis retournée à pied à la maison et j'ai continué de piler mes feuilles de manioc comme si rien ne s'était passé. Un mois plus tard, j'étais de nouveau enceinte et j'ai eu une fille en 1959, ensuite un garçon en 1961, ensuite une fille en 1963.

Quand j'ai eu mon quatrième enfant, j'avais dix neuf ans. Je suis allée chez moi voir mes parents et me reposer. J'ai parlé de ma vie à ma mère qui me conseilla de la supporter parce que j'avais déjà des enfants. Je lui ai surtout fait part du manque de communication entre mon mari et moi, de sa brutalité à mon égard et du fait qu'il ne pourvoyait pas à mes besoins. Elle m'a demandé d'accepter tout ça pour mes enfants, car ils étaient le trésor que Dieu m'avait donné.

J'ai passé un mois auprès de ma mère et je suis allée dans le village de mon mari où mon beau-frère et sa femme m'ont bien reçue après un assez long séjour en ville. Ma belle-sœur m'a aidée à réintégrer la vie villageoise. J'ai alors commencé à cultiver moi-même des arachides, du manioc et de la banane parce qu'il fallait nourrir mes enfants.

Comme mon beau-frère était un grand chasseur, nous ne manquions pas de gibier ni même de poisson, car notre village était situé non loin du fleuve « Ntem ». Mais je manquais cruellement de savon, de pétrole et d'huile qui étaient encore des produits rares.

J'élevais mes enfants dans la simplicité et l'abnégation. Mon mari avait perdu son travail et était venu nous rejoindre au village. J'ai eu presque aussitôt mon sixième enfant, une fille. Mon mari et moi nous ne nous entendions pas malgré les enfants que je faisais. J'avais plutôt l'impression de l'ennuyer, de n'être bonne qu'à faire des enfants. C'est vrai que je ne savais faire que ça, je n'avais jamais été à l'école. Je ne savais ni lire le français, ni l'écrire.

En revanche, je savais lire la Bible « fang ». J'avais quand même retenu les quelques enseignements que mon premier mari m'avait donnés. Dans le village de mon mari, ses proches parents ont commencé à me critiquer parce que je ne faisais que des filles. Pour eux, un ventre qui ne fait que des filles est un mauvais ventre : « A quoi serviront toutes ces choses-là, disaient-ils, ce ne sont pas des enfants ça. Demain ou après demain, elles iront rendre un autre village prospère ».

Ces paroles me transperçaient le cœur. Comment pouvaient-ils mépriser ma seule raison de vivre ? Comment pouvaient-ils dire autant de mal des seuls êtres qui me donnaient un peu de valeur ? Bien plus, on m'accusait d'être molle, faible, de cultiver de petits champs qui ne produisaient rien ou presque.

J'ignore ce que ces gens voulaient réellement. J'avais vingt-trois ans et six enfants dont je devais m'occuper. J'essayais de faire de mon mieux pour les nourrir. Mais mon entourage attendait plus de moi. La femme de mon beau-frère qui avait un grand cœur me prodiguait des conseils et me réconfortait. Elle me donnait même de petites choses pour que je puisse les préparer aux enfants. Malheureusement pour moi, elle mourut à la suite d'un accouchement.

Mon désespoir fut grand quand je perdis cette femme au cœur d'or. A partir de ce moment, j'ai décidé de prendre ma vie en main ainsi que celle de mes enfants.

J'allais pêcher et je cueillais des fougères sauvages pour leur faire des paquets d'arachide.

Je préparais les feuilles de manioc avec des noix de palme, parfois je faisais revenir les feuilles de taro dans l'huile de palme.

Ma fille aînée, qui avait déjà huit ans, était très dynamique et m'aidait à faire de petits travaux : laver la vaisselle, décortiquer les arachides, puiser de l'eau. C'est à cette période que mon mari, presque sous l'instigation de ses proches s'est remarié avec une femme bien plus expérimentée que moi parce qu'elle avait vécu dans de grandes villes. Elle ne faisait pas d'enfants mais était d'une grande coquetterie. Quand elle est arrivée au village, je n'existais plus pour personne. C'était normal, la nouvelle venue possédait tout ce qui me manquait : élégance, disponibilité, bonnes manières. Elle n'allait pas aux champs mais passait son temps à coudre des vêtements à ses belles-sœurs et aux femmes des villages voisins qui la payaient. Elle était une source de revenus sûre, tandis que moi j'avais une horde d'enfants, des filles de surcroît.

Souvent, je dormais dans l'obscurité avec mes enfants tandis que la chambre de ma rivale était joyeusement éclairée. Quand je n'avais pas du tout de savon pour laver les habits, il m'arrivait de les laisser reposer pendant trois jours dans l'eau de la rivière. Je les lavais ensuite avec les feuilles de taro qui sont très moussantes. Mais les habits restaient sales, noirs, à côté de ceux de ma rivale et de son mari qui reluisaient de propreté. Le couple avait de gros morceaux de savon tout le temps.

Ma rivale a eu l'audace un jour de demander à ma fille si nous avions du linge sale.

J'ai pris cela comme de la moquerie voire de la provocation. Folle de rage, j'ai attendu qu'elle descendît à la rivière pour la suivre. Je ne savais pas très bien ce que je faisais mais je l'ai tout de même suivie accompagnée de ma fille. Je l'ai trouvée en train de laver le linge et je me suis contentée de lui arracher le savon pour le jeter loin de moi. Je suis revenue rapidement au village. Ma rivale s'est plainte auprès de son mari et de ses belles-sœurs lesquelles ont conseillé à leur frère de me battre. Il m'a effectivement battue le jour même dans la cour devant ma rivale, mes enfants et certains de ses proches. Ce fut la deuxième fois de ma vie que j'eus envie de mourir. Et mes enfants ? Qui allait s'en occuper ?

J'ai pensé à aller me réfugier chez mes parents avec mes enfants mais mon mari ne m'aurait jamais laissé partir, car chez les Fang, les enfants appartiennent à l'homme.

Après cet affront, je me suis enfermée dans la chambre avec tous mes enfants et je me suis mise à pleurer. Eux aussi ont commencé à pleurer parce qu'ils me voyaient pleurer. C'est à ce moment-là que ma fille aînée âgée de huit ans m'a dit : « Maman, ne pleure plus, papa est méchant.

Quand je serai grande, je t'achèterai de gros morceaux de savon, beaucoup, beaucoup et même des voitures et même des robes ! ».

J'ai reçu ces paroles avec beaucoup de joie et d'espoir même si au fond, je restais profondément blessée et pessimiste. Qui sait si je vivrai encore quand elle sera grande ? Et qui sait même si elle deviendra grande un jour, elle ? J'ai séché mes larmes, une fois encore, et la vie a continué avec son cortège de privations et d'humiliations. C'est à cette période que j'ai commencé à croire en Dieu, à espérer, à parler avec mes enfants en leur demandant de faire des efforts pour réussir à l'école.

Ce qui était admirable chez mon mari, c'est qu'il voulait que ses filles aillent à l'école, contrairement à mon père qui avait marié les siennes au berceau.

Un an après son mariage, mon mari décida d'aller encore chercher du travail en ville et en trouva à 100 kilomètres environ du village. Il fut embauché comme mécanicien-chauffeur chez un Blanc.

Nous l'y avions rejoint quelques mois plus tard, ma rivale, les enfants et moi-même. Nous habitions une petite maison que nous louions à un prix raisonnable. Elle était composée d'une chambre et d'un petit salon que mon mari avait transformé en chambre pour les cinq enfants. Il avait ensuite aménagé un genre de chambre attenante à la cuisine pour sa deuxième femme.

Pour que tous les enfants tiennent dans le même lit, je me suis arrangée pour que trois aient la tête dans un même sens et les deux autres posaient la tête dans le sens opposé. Les plus grandes écrasaient les plus petits avec leurs pieds. Il fallait les entendre se disputer, au milieu de la nuit, la seule couverture que je pouvais leur offrir. Je dois dire qu'il ne devait pas être facile pour mes pauvres enfants de partager la même couverture alors qu'ils n'avaient pas les têtes dans le même sens. Mais pouvaient-ils faire autrement ? Le travail de mon mari était très éprouvant et mal payé.

Il gagnait 8000 francs par mois, avec deux femmes et six enfants. Il fallait absolument tout acheter ou presque. Nous avions du mal à manger du début du mois jusqu'à la fin. J'ai eu l'idée avec ma fille aînée de couper du bois et de le vendre. Je passais donc des journées entières dans la forêt en train d'abattre des arbres pour en faire des troncs. Je gagnais juste de quoi acheter du poisson fumé ou des crevettes séchées. Comme nous habitions une ville bordée de palmiers, mon fils allait ramasser des noix de palme et je préparais une sauce avec des feuilles de taro.

Parfois, il pêchait des « tilapias » dans un étang non loin de chez nous et avait même failli se noyer un jour en plongeant la tête la première. Quand le bois se vendait mal, je vendais des beignets de banane et le « malamba », sorte de boisson fermentée à base de jus de canne et d'écorce appelée « Ognègne ». Je récoltais ainsi quelques francs pour acheter de quoi manger. Lorsque mon mari avait sa paye, nous mangions assez bien pendant une semaine, après, il fallait se débrouiller.

Souvent, il signait dans un cahier chez un riche commerçant surnommé Movoh et prenait du riz, du poisson salé, du savon et d'autres petites choses utiles qu'il réglait à la fin du mois.

Derrière notre maison, coulait une petite rivière assez poissonneuse. Mon mari a eu l'idée d'y poser des nasses pour que nous puissions manger un peu de poisson à la maison. Il en prenait pas mal, à la plus grande joie de tous les enfants. Il a ramené un jour, un silure à moitié pourri, je l'ai tout de même préparé en y ajoutant du piment et de la citronnelle.

Le poisson était devenu une sorte de purée bien épicée que mes enfants ont mangé avec appétit dès qu'ils sont rentrés de l'école. Parfois, quand ils avaient encore faim, ils allaient cueillir, malgré l'interdiction formelle de leur père, des papayes encore vertes qu'ils avaient surnommées « Nkelekeleme ».

Mes enfants et moi étions habitués à la débrouillardise, ce qui n'était pas le cas de ma rivale.

J'ai constaté qu'elle commençait à dépérir et que mon mari lui accordait moins d'importance qu'au village. Lorsqu'elle n'avait rien à manger, elle devenait triste et refusait de répondre à l'appel de son mari. Or, ce genre de comportement le mettait en colère parce qu'il entendait qu'on lui obéisse. Il a donc commencé à l'insulter et à la battre. Jusqu'au jour où, n'en pouvant plus, elle s'est enfuie pendant que tout le monde dormait. Mon mari m'a accusée d'avoir été à l'origine de son évasion alors que je n'y étais absolument pour rien. J'ai compris qu'elle s'était enfuie parce que les conditions d'existence devenaient de plus en plus dures et qu'il fallait se débrouiller pour survivre.

Elle qui avait tous les avantages de son côté au village, elle était obligée de couper le bois comme moi. J'avais un léger avantage sur elle parce que j'étais aidée par mes enfants qui travaillaient bien à l'école. En dépit de nos maigres moyens, jamais ils n'avaient volé. Je les habituais à se contenter de ce qu'ils possédaient et surtout, je leur répétais que le bonheur se cache toujours derrière la souffrance et qu'ils devaient déployer tous les efforts pour réussir à l'école. Mon mari a été renvoyé du travail et a pris la décision de retourner au village. Certains de mes enfants sont entrés au collège, les plus jeunes étaient avec moi.

Ce nouveau séjour au village n'était pas du tout facile. Je me suis heurtée au mépris, à la haine et à la jalousie des proches de mon mari qui affirmaient que nos enfants m'obéissaient plus qu'à mon mari. Nous nous disputions souvent. Je ne me laissais plus marcher sur les pieds comme avant.

A l'insulte, je répondais par l'insulte. Nous nous battions souvent publiquement.

C'était terrible et invivable. J'ai perdu une fille de 3 ans d'une manière étrange. On m'apprit après sa mort que l'assassin était un membre de la famille de mon mari.

J'ai perdu quelques années plus tard, un bébé de dix mois qui avait la rougeole. Je n'avais même pas 10 francs pour l'emmener à l'hôpital comme d'autres femmes l'avaient fait pour leurs enfants. Je me suis débrouillée pour lui donner des remèdes à base de plantes mais ils n'ont pas été efficaces puisque la maladie était déjà à un stade avancé. Elle est morte très amaigrie et fatiguée. Il faut dire qu'il se passait des phénomènes étranges à ce moment-là dans la maison.

Pendant que j'étais couchée avec mes enfants, nous entendions des bruits de pas sur le toit et le bruit du sable qu'on jetait. Nous avions la chair de poule mais je savais que Dieu était avec nous.

Mes enfants tombaient souvent malades. Ma deuxième fille et ma sixième fille ont eu des enfants alors qu'elles étaient au lycée, ces deux petites filles sont décédées aussi au village dans des conditions étranges : le sang coulait de leur bouche et de leur nez. Une autre de mes petites-filles avait été piquée au petit doigt par une abeille, elle a perdu la moitié de son doigt au bout de quelques semaines. Je croyais être en enfer, car le climat était malsain, conflictuel, haineux. Cependant, mes enfants étaient très solidaires entre eux et s'aimaient beaucoup.

Souvent, j'ai été voir mon père pour me plaindre et lui raconter mes malheurs et mes misères.

A plusieurs reprises, il a tenté de discuter avec mon mari mais ce dernier ne lui accordait aucun intérêt et manifestait de l'indifférence et même de l'impolitesse à son égard. Jamais il ne lui rendait service, et pourtant dans la tradition, les gendres ont des devoirs envers leur belle-famille. Mon mari, lui, restait debout chez mes parents et repartait aussitôt. Il n'hésitait pas à répondre sèchement à ma mère si elle osait lui faire la moindre remarque. Je me permis un jour, pour une fois, de faire observer à mon père que mon mari le méprisait parce qu'il m'avait vendue à lui. Les rapports auraient été différents si je l'avais choisi et s'il m'avait choisie.

Maintenant, il était trop tard pour lui dire quoi que ce soit. Mon père a presque baissé le regard et a répondu : « Chaque jour qui passe change l'être humain à tous les niveaux. Quand je t'ai mariée à cet homme, j'étais un genre de père, aujourd'hui, je suis un autre homme. Si l'on pouvait revenir en arrière, je crois que je ne le ferais plus ».

Etait-il sincère dans ses propos ? J'ose le croire : il avait l'air si impuissant, si pitoyable ! Mon mari lui, continuait à me persécuter, à me mépriser, à me rendre responsable de tous les maux. Même quand j'accouchais et qu'il venait me voir, il se tenait loin du berceau et de moi. Il n'avait aucune parole d'encouragement et ne manifestait aucune joie.

Etait-ce parce que je ne faisais que des filles ?

Un jour à l'hôpital où j'avais accouché, un homme est venu voir sa femme dans la salle où je me trouvais. J'avais remarqué que leurs bouches s'étaient touchées. Je me suis souvenue de ce que les maris et leurs femmes avaient fait le jour de mon mariage à la mairie.

Ce n'est que plus tard que mes enfants m'ont expliqué le sens de ce geste. Mon mari devait connaître ces choses puisqu'il avait travaillé chez les Blancs mais il ne m'en avait jamais parlé et ne l'avait jamais fait avec moi.

Je n'ai jamais connu ni la gentillesse ni l'amour en dépit de nombreux enfants que j'ai eus. Je voyais une seule raison à cela : mon mariage a été décidé par d'autres.

Je n'étais pas le choix de mon mari et il n'était pas le mien. C'est pourquoi j'ai toujours laissé mes enfants libres de choisir leur partenaire.

Quand on choisit soi-même son mari ou sa femme, l'amour qui vous unit vous permet de vous comprendre, de vous soutenir, de vous pardonner.

Aujourd'hui, j'ai vieilli, mon mari aussi. Nous avons choisi enfin de servir le Seigneur ensemble, cela nous a rapprochés un peu à cause des enseignements que nous recevons. Nos enfants s'occupent de nous. J'ai même déjà fait un tour en France.

Qui l'eût cru ! Mon Dieu est bon avec moi, je le remercie de m'avoir gardée en vie et de m'avoir donné de merveilleux enfants. C'est pour eux que j'ai toujours fait face à la vie et c'est par eux que j'existe maintenant. Je remercie beaucoup Dieu.

CHAPITRE IV

Vendue deux fois à un monstre

La cuisine où je me trouvais était exiguë et pleine de fumée. La maîtresse de maison, âgée de 50 ans environ pressait la canne à sucre pour fabriquer le « malamba » ou jus de canne fermenté.

Elle m'accueillit avec un large sourire et me fit observer que j'avais pris du poids. Je m'assis au coin du feu pour me réchauffer, car il avait plu à verse. Elle se mit à raconter son histoire tout en pressant la canne à sucre à l'aide d'une barre de fer. C'était en 2004.

Mon père m'a haïe en m'obligeant à épouser à six ans un homme bien plus âgé que lui. Marié à quatre femmes, mon père a eu plus de filles que de garçons. Il aimait jouer au poker. Quand il perdait au jeu et qu'il n'avait pas d'argent, il proposait une de ses filles en échange. Il lui est même arrivé de dire à l'un de ses multiples créanciers : « Toutes mes filles appartiennent déjà à des gens. Je n'ai pas d'argent maintenant. Ma deuxième femme est enceinte. Si elle a une fille, elle deviendra ta femme ». Le mariage était conclu de cette manière alors que la fille se trouvait encore dans le sein de sa mère.

Quand j'ai eu six ans, mon frère âgé de dix-huit ans a convaincu mon père de m'inscrire à l'école. L'école étant éloignée de mon village, mon grand frère s'est arrangé pour me loger chez une tante dont la maison était située près de l'école.

J'ai donc commencé le CP1 à six ans et je revenais au village tous les vendredis soir avec les autres enfants. Trois mois après le début des classes, je suis rentrée au village le vendredi soir comme d'habitude, j'ai trouvé le corps de garde noir de monde. On m'a appris qu'un homme était venu demander ma main et que le mariage avait déjà été conclu pendant que je me trouvais à l'école.

Mon Dieu ! Ces gens et mon père n'avaient-ils pas pitié de moi ? D'autant plus que je savais à peine lire et écrire, me suis-je dit. L'homme que mon père avait choisi pour moi était aussi son beau-frère, car mon père était marié à l'une de ses cousines. C'est justement cette jeune femme qui avait tout manigancé et avait proposé ceci à mon père : « Je ne fais pas d'enfants et j'ai beaucoup travaillé chez toi. Il faut qu'une de tes filles se marie avec quelqu'un de mon village. Je laisserai au moins un souvenir là-bas après ma mort ».

Comme mon père respectait assez cette femme qui était la première, il a accepté sa suggestion.

Mais tout ce monde aurait pu quand même attendre que je grandisse un peu ou que je termine l'année ! Non. Je devais tout arrêter et partir. Ma mère n'avait rien à dire ; son rôle se limitait à écouter et à accepter la décision de mon père.

L'homme auquel j'étais destinée était grand, costaud avec une calvitie qui ressemblait à une route.

Il était très laid, avait l'air méchant et me faisait peur. On apprit à ma mère qu'il avait déjà tué quelques années plus tôt sa première femme, âgée d'une trentaine d'années, d'un coup de marteau sur la tête et qu'il avait passé un long séjour en prison. Pendant sa détention, il avait fait la connaissance d'une femme qui avait utilisé des fétiches pour qu'on le libérât vite. A sa sortie de prison, il l'avait épousée mais elle ne pouvait pas lui donner d'enfants. Il avait épousé une autre femme qui était tout aussi stérile. On lui avait donc conseillé de prendre une toute petite fille qui grandirait entre ses mains et qui tomberait enceinte immédiatement. Le sort l'a dirigé vers moi.

Mon père qui n'avait pas tenu compte du mauvais passé de cet homme m'a donné à lui après avoir reçu une forte somme d'argent. Tout s'est passé ensuite très vite.

Le jour où l'on décida de m'emmener, je me suis débattue comme je pouvais. J'ai mordu tous ceux qui voulaient me toucher, je les ai insultés. Mais que pouvait une petite fille de six ans contre toutes ces personnes ? Elles ont fini par me calmer et m'ont forcée à monter dans une vieille voiture qui attendait là pour la circonstance.

J'ai pleuré pendant tout le voyage. Je me rappelle, je portais une robe courte, je n'avais pas de chaussures et j'étais assise entre ma mère et la première épouse de mon père.

Quand nous sommes arrivés chez mon mari, il n'y a pas eu de fête. Ma mère est restée avec moi pendant une semaine pour me consoler et me donner des conseils. Quand elle a décidé de partir, j'ai pleuré pendant des heures, je m'accrochais à ses vêtements, je criais, je me roulais par terre. Je recommençais les mêmes gestes chaque fois qu'elle voulait me laisser et elle remettait toujours son voyage à plus tard.

Elle est donc restée trois semaines environ avec moi. Nous dormions ensemble, je me sentais heureuse. Mais mon bonheur s'est transformé en cauchemar un matin, quand je me suis aperçue que ma mère était partie pendant que je dormais.

La surprise et la douleur ont été si grandes que je me suis mise à déchirer mes habits, à hurler. Mais tout cela n'a servi à rien. J'étais comme prise au piège, sans force, sans défense, seule devant ma destinée.

L'homme qui m'avait épousée était propriétaire d'une grande plantation de cacao située très loin du village, au lieu appelé « Eléphant », en pleine forêt équatoriale. C'est là-bas qu'il aimait passer la plupart de son temps. Il nous y emmenait (ses deux premières femmes et moi) pendant des mois entiers. Tandis qu'il désherbait sa plantation de cacao, ses femmes s'occupaient de la plantation d'arachide et plantaient le manioc, le maïs et toutes sortes de produits. Elles m'initiaient à la culture en me cédant un petit espace où je plantais avec la force de mes jeunes bras : maïs, arachide et canne à sucre.

Je ne voyais aucun membre de ma famille. Je grandissais dans la forêt, sans amour, sans ma famille, sans souvenir d'enfance, sans rien. Je portais à sept ans des paniers très lourds où l'on avait mis du bois, de la banane et bien d'autres choses. Quand on m'avait fait porter un panier lourd, je n'arrivais plus à bien respirer mais je ne disais rien, de peur d'être blâmée.

Si mon mari m'envoyait lui chercher quelque chose et que je ne comprenais pas bien ce qu'il voulait, il se fâchait et me frappait avec sa ceinture. Parfois il me frappait sans raison, ses femmes n'osaient pas prendre ma défense et semblaient aussi avoir peur de lui. Je suis donc restée quatre ans avec eux sans que je puisse aller dans mon village.

Pendant que nos étions dans la forêt, on est venu nous annoncer que ma grand-mère maternelle était morte. Nous sommes rentrés au village et mon mari m'a conduite en ville deux jours après pour que je puisse me rendre chez moi. Je me suis embarquée dans un véhicule qu'on appelait « Clarisse car ». J'ai posé mon petit baluchon sur les genoux parce que le car était plein à craquer.

Il m'a déposée à cinq kilomètres environ de chez mes oncles maternels et j'ai continué à pied.

Je suis arrivée quand les poules commençaient à chercher un lieu pour dormir. Ma grand-mère avait été inhumée quatre jours plus tôt. Ma mère et les femmes de mes oncles ont pleuré quand elles m'ont vue arriver.

Moi aussi, j'ai pleuré. Les premières émotions passées, je me suis mise à leur raconter la vie que je menais chez mon mari. Elles étaient toutes renversées par mon récit. Mais que pouvaient-elles faire pour moi ?

Je suis restée avec elles pendant une semaine. Mon père n'était pas venu aux obsèques de ma grand-mère mais il savait que je m'y trouvais. Il a envoyé quelqu'un pour me dire de regagner mon foyer conjugal, car une femme ne pouvait laisser son mari pendant longtemps. Il n'entendait donc pas me voir un jour de plus chez mes oncles.

Quand on m'a mise au courant des ordres de mon père, j'ai commencé à pleurer. Qui allait encore s'enterrer vivante dans cette forêt ? Qui allait-on encore frapper pour des « petits riens » ?

Des pensées mauvaises, amères ont commencé à germer dans ma tête. J'étais prête à tout pour rester chez mes oncles maternels qui ont bien entendu protesté contre la décision de mon père et m'ont assurée que je ne retournerais pas chez mon mari. Ils étaient donc prêts à affronter mon père pour l'amener à changer d'avis.

Mais ils ignoraient la forte personnalité de cet homme, car dès le lendemain, il arriva pour m'obliger à repartir chez mon mari. Je me suis enfuie dans la forêt et j'y suis restée toute la journée. Pendant que je fuyais vers la forêt, j'entendais mon père hurler : « Si tu ne retournes pas chez ton mari, je te tuerai de mes propres mains ou alors, c'est une bête féroce qui te dévorera là où tu iras te cacher ».

Quand je me suis rendu compte que la nuit commençait à tomber et que je n'arrivais plus à distinguer la piste qui menait au village, de celles qui conduisaient vers les champs, je me suis mise à courir comme une folle. J'étais heureusement sur la bonne piste.

Je suis donc revenue dans le village de ma mère. Le lendemain matin, on m'a emmenée chez mon père qui a refusé d'entendre quoi que ce soit. Il a même dit à ma mère : « C'est toi et ta famille qui entêtez cette enfant. Dès demain, il faut que tu la renvoies chez son mari ». Ma mère tremblait de tous ses membres et croyait que mon père allait la battre.

Quand j'ai entendu mon père donner cet ordre à ma mère, je me suis enfuie sous les caféiers.

Je me suis ensuite enfoncée dans la forêt, loin, très loin du village ; je ne savais pas où j'allais.

J'ai couru et je suis arrivée près d'un cours d'eau. Je me suis couchée dans les épines, les ronces et toutes sortes d'herbes piquantes.

Mes vêtements étaient déchirés et je m'étais blessée aux bras, aux pieds, partout. Je suis restée dans la forêt jusqu'au matin, la peur et la faim dans le ventre. Au milieu de la journée, j'ai décidé de revenir au village mais je me cachais. Au fur et à mesure que j'approchais, mon cœur battait très fort. J'ai entendu mon père menacer ma mère en disant : « Tu dois chercher et trouver ta sorcière de fille qui te ressemble, si tu ne la trouves pas, je te tuerai ».

J'ai attendu qu'il s'éloignât de la cuisine de ma mère pour entrer par la porte de derrière. J'ignore comment il a su que j'étais déjà rentrée. Il a aussitôt réuni ses frères et leur a demandé de dire à maman de me renvoyer chez mon mari et que si je m'obstinais à refuser, c'est maman qui rembourserait la dot. Comme maman n'avait pas d'argent et qu'elle se sentait menacée, mes oncles paternels ont trouvé que la seule solution pour moi était de regagner mon foyer conjugal. Mais, j'avais le cœur fermé et je ne voulais plus repartir là-bas. Je me suis encore enfuie et mon père a donné l'ordre aux jeunes de me rattraper.

J'ai couru de toute la force que me permettaient mes jeunes jambes. Mais les garçons qui couraient plus vite que moi m'ont rattrapée. Dès qu'ils me ramenèrent au village, mon père me battit avec des coups de pied. Il prit ensuite une chicotte et me frappa sur tout le corps.

Le sang jaillissait de ma bouche et de mon nez. Je ne sentais plus mes pieds. Ma mère pleurait. Je me suis évanouie dans la cour.

Quand je suis revenue à moi, j'avais mal à la tête et une grosse bosse pointait sur mon visage. J'avais un œil à moitié fermé. Me voyant dans un tel état, les frères de mon père le supplièrent de m'accorder une petite semaine pour me donner le temps d'aller mieux.

Il les a écoutés et a ajouté que je partirai aussitôt que je serai guérie. Pendant que j'étais encore convalescente, une femme d'un village voisin est venue rendre visite à un de ses cousins à qui on avait amputé la jambe. La visiteuse a entendu parler de mes problèmes et des menaces permanentes que mon père faisait à ma mère et à moi. Intéressée, elle a pris contact avec ma mère pour lui dire qu'elle avait un jeune fils de quinze ans qui était encore au collège, et qu'elle souhaitait qu'il m'épouse. Elle était donc prête à rembourser la dot.

Ma mère et moi nous n'en revenions pas. Ma mère lui a répondu que ce serait nous enlever la chaîne du cou si elle pouvait rembourser cette dot rapidement. La dame avait fait venir son fils qui se trouvait en ville pour me présenter à lui. Le jeune garçon accepta la proposition de sa mère.

Ensuite, ma mère a fait appeler mon père et ses frères et certains de mes oncles pour les tenir au courant de la nouvelle situation. Mon père a pris la parole le premier et ne sembla pas tout à fait d'accord pour que je divorce de mon premier mari. Mais ses frères et mes oncles l'ont persuadé de me laisser épouser le jeune homme puisque sa mère avait pris l'engagement de rembourser la dot.

Cette femme a promis de revenir voir mon père deux semaines après. Elle tint sa parole et revint avec une somme d'argent dont je ne connaissais pas le montant.

Mon père a trouvé cette somme d'argent insuffisante. Peut-être voulait-il réaliser un bénéfice par rapport à la dot que mon premier mari avait versée ? La dame est repartie pour revenir trois jours plus tard avec un complément d'argent que mon père a soigneusement tenu secret. C'est après le versement de cette deuxième somme qu'il a enfin reconnu que j'étais libre.

Il est allé rembourser la dot à mon premier mari et a demandé à la dame de m'emmener immédiatement parce qu'il n'entendait pas me voir un jour de plus dans son village.

C'était clair, mon père ne m'aimait pas, il me voulait le plus loin possible de lui. J'entrai donc dans mon deuxième mariage à dix ans.

On m'y a emmenée en pleine nuit, à pied. Je ne pleurais pas cette fois-ci, même si j'aurais préféré être près de ma mère.

Mon jeune mari est venu me voir quand il a su que je me trouvais chez lui. Il a recommandé à sa mère de me mettre à l'école, car il ne voulait pas d'une analphabète comme femme. On m'a donc inscrite au CP1 à l'école du village, à dix ans. J'étais plus âgée que tous les élèves de ma classe. Presque tous se moquaient de moi, mais je n'avais pas honte, mon désir était plutôt de travailler pour réussir. Avec beaucoup de peine et de détermination, je suis quand même passée au CP2, ensuite au CE1. Ma belle-mère m'aimait beaucoup et m'encourageait. De temps en temps, mon mari venait me voir et il était satisfait de mes résultats. Je ne dormais pas avec lui. Je me sentais vraiment très bien dans cette famille.

Un jour, ma belle-mère s'est rendue à Libreville pour assister l'une de ses filles qui devait accoucher ; comme je ne pouvais pas l'accompagner parce que j'étais à l'école, elle m'a laissée chez sa belle-sœur qui habitait non loin de chez nous. J'ai continué à aller à l'école. Tout le monde était très gentil avec moi. Je n'ai jamais été insultée ni brimée. On me considérait comme une fille de la famille.

Trois mois après le départ de ma belle-mère, je me trouvais chez sa belle-sœur, j'ai vu mon père arriver. Cela faisait deux ans et demi que j'étais remariée ; il n'avait jamais donné de ses nouvelles ni demandé les miennes. Que pouvait-il venir faire ? On l'avait tout de même bien accueilli comme le veut la tradition. Mais grande a été la surprise de tout le monde quand il a expliqué qu'il était venu me chercher ! Selon lui, ni mon mari ni ma belle-mère n'étaient au village, il était donc hors de question que sa fille reste avec des personnes autres que celles avec qui il avait conclu le mariage.

Au fond de moi, je disais : « A kiéé ! A tare Nzame[27], mon père n'aime donc pas me voir heureuse et se bat plutôt pour que je sois malheureuse ! ».

---

[27] Akiée est une interjection qui traduit l'émotion, l'indignation, la protestation ou l'admiration. *Tare Nzame* signifie *Mon Dieu ! Père Eternel !*

Je n'osais pas manifester mon mécontentement. J'étais animée par un sentiment de gêne, de honte même. J'avais douze ans et mon cœur bouillonnait d'indignation et de révolte. La belle-sœur de ma belle-mère et certaines personnes du village ont essayé de faire comprendre à papa que je ne pouvais pas partir alors que ma belle-mère se trouvait à Libreville ; il n'a rien voulu entendre et leur a répondu : « Je répète que j'emmène ma fille. Elle reviendra quand sa belle-mère sera de retour ».

Les gens du village et ma belle-mère se sont tus et ont laissé faire mon père. Je l'ai donc suivi le lendemain matin malgré moi. Mon mari n'avait même pas été mis au courant.

Lorsque nous sommes arrivés dans mon village, ma mère était surprise de me voir, car mon père ne lui avait pas dit qu'il allait me chercher. Quand je lui racontai les raisons que mon père avait évoquées pour convaincre les gens de me laisser partir, elle trouva la démarche étrange et inquiétante mais elle me demanda de rester calme. Mon père a eu l'idée de me mettre à la nouvelle école qu'on avait ouverte près de mon village.

Je comprenais mal son attitude et ses intentions. Je suis quand même repartie à l'école, car j'aimais bien lire et écrire. J'y allais chaque jour avec la même ardeur, j'étais animée par le désir d'y arriver à tout prix. Mais j'étais loin d'imaginer que mon père avait revu mon premier mari (le monstre) pour lui redemander la dot et conclure un second mariage avec le même homme.

Il préférait me voir dans le malheur, la misère, les pleurs plutôt que dans la joie et la paix. Je n'ai pas cru tout de suite à la rumeur. Je me suis rendue à l'évidence quand mon père m'a dit sèchement un matin, alors que je me lavais les pieds pour aller à l'école : « Je crois que tu vas repartir chez ton premier mari. C'est lui qui sait que je suis son beau-père. Il a un âge mûr et connaît mieux nos traditions. D'ailleurs, depuis que ce jeune homme et sa mère sont venus t'épouser, je ne les ai plus jamais revus. Ils ne m'ont plus donné quoi que ce soit. Tu repars chez ton premier mari ».

J'ai cru que le ciel tombait sur moi et que la terre s'ouvrait sous mes pieds. Comment mon père pouvait-il faire une telle chose ? Etait-il venu me chercher là où je vivais, là où je me sentais bien pour me reconduire à la mort ? Toutes les images, toutes les épreuves que j'avais subies là-bas me revenaient. J'avais envie de pleurer mais je ne pouvais pas.

Je ne suis plus allée à l'école, je me suis enfuie dans la forêt où je suis restée pendant trois jours et trois nuits. Je me suis fait un lit au bord de la rivière avec les feuilles d'un arbre appelé « Abangâk ».

Quand j'avais faim, je mangeais le sable de la rivière et je buvais beaucoup d'eau. J'ai beaucoup maigri et je me suis sentie très fatiguée. C'est quand j'ai commencé à sentir mes forces diminuer que j'ai décidé de retourner au village. Je pensais à ma mère qui devait être inquiète à mon sujet.

Arrivée au village, elle m'a reproché de m'être enfuie parce que quelque chose de grave aurait pu m'arriver en brousse toute seule. Mon père, lui, est venu à la porte de la cuisine de ma mère pour me dire : « Tu peux monter sur des arbres ou sur des montagnes, tu peux dormir dix ans dans la forêt.

Tu peux faire ce que tu veux mais tu retourneras chez ton premier mari ».

Il m'a laissée tout de même terminer l'année scolaire et j'ai pu passer en classe de CE2. Mais je n'y suis pas allée, car dès que l'école avait fermé ses portes, mon ancien mari était venu redemander ma main accompagné d'un grand nombre de personnes.

Mon père a imposé à ma mère et à ses autres femmes de recevoir cette délégation ridicule avec les honneurs. On leur a donné les régimes de banane les plus beaux et les moutons les plus gros.

Mais pour qui et pourquoi donnait-on toutes ces choses ? Je me suis de nouveau enfuie pour me réfugier chez ma sœur aînée, mariée elle, à un homme moins âgé.

J'ai laissé mon père, avec sur les bras, son gendre et la délégation qui l'accompagnait. En faisant cela, je signais mon arrêt de mort. C'est un acte de déshonneur pour la famille de la fille, même pour celle de l'homme. Moi, je n'ai pas tenu compte de toutes ces considérations, ce qui importait pour moi, c'était de m'enfuir et de me cacher. Je suis restée chez ma grande sœur pendant deux jours. Mon père a envoyé des gens pour me chercher (quelqu'un lui avait soufflé que je m'y trouvais).

On m'a ramenée au village comme une malpropre.

Là-bas, deux personnes que mon père avait choisies m'attendaient, les chicottes à la main. Mon père aussi en avait une. On m'a couchée à plat ventre dans la cour et les personnes que mon père avait désignées ainsi que lui-même m'ont frappée à tour de rôle devant mon monstre de mari et ses parents. On me frappait avec une telle force que toutes les chicottes se sont cassées sur mon corps. Je criais de douleur.

Ma mère pleurait ainsi que les autres femmes de mon père. Personne n'osait intervenir pas même mes oncles paternels. Tous semblaient contre moi. Après cette correction publique et humiliante, ma mère et ses coépouses m'ont emmenée à la cuisine. J'avais des blessures aux bras, aux jambes et même au cou.

J'avais l'impression d'être un animal, car il n'y a que l'animal qu'on aurait traité de cette façon.

Ma mère a essayé de me soigner en mettant un peu de sel sur mes blessures, j'ai encore hurlé de douleur. L'homme à qui on m'avait revendue et ses parents sont repartis deux jours après mon calvaire. Avant leur départ, mon père avait pris soin de leur donner la date à laquelle on irait me laisser chez eux.

J'ai passé mon temps à pleurer, à jouer à la malade, à refuser de manger sans que mon père ne change d'avis. La veille du jour de notre départ, je me suis encore enfuie et je suis allée me cacher chez mes oncles maternels.

Mon père est revenu me chercher mais n'a pas osé me frapper chez mes oncles, lesquels m'ont donné des conseils. Ils m'ont fait comprendre que si je m'obstinais à refuser ce que mon père me demandait, il risquait de me tuer ou de tuer ma mère.

Ils m'ont même suggéré d'aller pour deux ou trois mois chez mon mari et de trouver des voies et moyens pour prendre contact avec mon mari collégien qui m'aiderait peut-être à fuir vers la grande ville. J'ai suivi leurs conseils et j'ai attendu qu'on m'emmène. Je suis donc repartie chez le monstre, la mort dans l'âme. C'était mon troisième mariage, à treize ans et quelques mois.

Mon mari avait changé de village et s'était installé dans un village où j'avais une cousine.

Cela m'a consolée un peu, je me disais que j'aurais au moins quelqu'un à qui me confier au cas où mon mari me maltraiterait encore. Mais tout le monde avait peur de se mêler de ses affaires parce qu'on connaissait son passé d'assassin.

Quand nous sommes arrivés dans ce nouveau village, on m'a cachée dans une chambre comme l'exige la tradition, pour qu'on ne me voie pas avant la cérémonie de mariage proprement dite.

C'est juste à ce moment-là que j'ai eu mes premières règles. Ma mère, mes sœurs et ma cousine m'ont demandé de le garder pour moi et de prendre toutes les précautions pour que mon mari ne le sache pas. Ma cousine m'a appris à me garnir avec de vieilles étoffes. Elle avait coupé une vieille serviette de toilette en morceaux et m'en a donné quelques-uns.

Puis arriva le jour de la cérémonie, le jour où l'on devait me montrer à tous les habitants du village de mon mari. On m'avait mis une belle robe, de belles chaussures et j'étais bien coiffée.

Mes seins étaient déjà assez gros et je me trouvais très jolie. Mais jolie pour qui ? Pour un monstre ? Six femmes sont venues me chercher et me tinrent cachée derrière un drap blanc. Elles chantaient des chansons qui vantaient ma beauté et ma fraîcheur tout en se dirigeant vers le corps de garde où m'attendait l'homme à qui l'on me vendait pour la deuxième fois.

Dès que le cortège fut arrivé au corps de garde et qu'on m'eut dévoilée, j'éclatai en sanglots en voyant ce monstre, cet affreux gorille posté devant moi. Mes sœurs, les femmes de mon père et une cousine pleurèrent comme s'il s'agissait d'un deuil. Les commentaires fusaient de toutes parts.

Les hommes et les femmes qui étaient venus des villages voisins pour voir comment on « allait faire sortir » la mariée s'exclamaient et disaient : « Kiéé, qu'est-ce qui est arrivé à cet homme ? Comment a-t-il pu redonner sa si belle petite fille à un homme aussi âgé ! ». Le contraste entre cet homme et moi était saisissant et choquant. Les exclamations et les cris des badauds n'ont fait qu'accentuer ma peine et j'ai pleuré de plus belle. Ma mère a essayé de me calmer et m'a demandé « d'avaler le couteau avec le manche »[28] puisque c'était mon destin. Comme la tradition exige que le mari invite sa femme à danser, la danse n'a pas pu se faire, puisque je pleurais.

Mes pleurs et l'écart d'âge entre mon mari et moi avaient refroidi tout le monde ; la cérémonie s'est terminée dans un climat de tristesse et de désespoir.

Après la cérémonie, le « monstre » m'a donné un nom bizarre dont il connaissait lui-même la signification : « Târâ ». Je détestais ce nom. J'aurais mieux aimé qu'il m'appelât par mon nom de famille. La veille du départ de ma mère et de mes sœurs, il est venu nous trouver dans la petite maison qu'on leur avait aménagée et a dit à ma mère : « Tu pars demain et tu laisses « Târa ». Je vois qu'elle a déjà les seins. Elle est déjà « femme » ou non ? Je voudrais le savoir ».

Ma mère lui a répondu « Non, elle est encore jeune ». Après le départ de ma mère, j'ai arrangé une petite chambre pour moi

[28] On a recours à ce proverbe pour encourager quelqu'un à accepter une situation pénible, une expérience douloureuse.

toute seule tandis que les deux femmes de mon mari allaient à tour de rôle le trouver dans sa chambre.

Quelque temps après, il a décidé de nous emmener toutes les trois dans la forêt où il continuait de s'occuper de sa plantation de cacao. Nous y sommes allées sans contester : « Seigneur, me revoilà dans cette maudite forêt ! », me disais-je. Là-bas, il avait construit une cuisine, une petite maison avec une chambre indépendante. Il occupait la chambre de la maison principale où il recevait ses femmes par un système de roulement.

Celle dont le tour n'était pas arrivé dormait avec moi dans la chambre indépendante. Mes deux coépouses croyaient que je n'avais pas encore mes règles et ne m'avaient jamais posé de question à ce sujet. Le monstre, lui, n'était pas dupe. Il devait même être un grand sorcier.

Pendant que nous étions dans la forêt, il a réuni ses deux femmes un soir et leur a dit : « Târa que vous voyez là est déjà une femme. Allez lui poser la question et donnez-moi une réponse dès demain ».

Le matin, mes coépouses sont venues me voir et m'ont interrogée. Je leur ai dit que je ne savais pas ce que c'était d'être une femme. Les seins que j'avais ne voulaient rien dire. Je commençais déjà à être plus consciente, plus mûre. Je me disais au fond de moi que ce gorille m'avait achetée mais qu'il n'aurait ni mon cœur ni même mon corps. J'étais décidée à aller jusqu'au bout. Je préférais la mort plutôt que de me voir dans son lit.

Le jour suivant, pendant que je me trouvais à la cuisine avec mes coépouses, il est venu me dire ceci : « Où que tu puisses aller aujourd'hui, à la pêche, à la plantation, n'importe où, sache que tu seras dans mon lit ce soir ». J'ai reçu ces paroles comme un coup de marteau sur la tête.

Je suis devenue triste tout de suite. J'avais l'habitude d'aller ramasser des coquillages dans le ruisseau qui coulait non loin de nos cases quand je m'ennuyais, je n'y suis pas partie.

Je pensais : « Mon Dieu ! Que pourrais-je aller faire dans le lit de cet homme brutal ? qu'allais-je devenir ? ». Le soir venu, il m'a appelée dans la maison principale et m'a obligée à entrer dans la chambre.

Je lui ai dit « non », d'une voix sèche. Il avait une lampe de poche à la main, il m'a frappée avec cette lampe et m'a donné une gifle qui m'a fait tomber à la renverse. Ses femmes ayant entendu des cris, sont intervenues pour lui dire qu'il ne devait pas se mettre dans un tel état, que ce n'était qu'une première tentative, qu'il réussirait sûrement à la deuxième, avec un peu de douceur.

Ces paroles l'ont calmé et il est allé se coucher.

Moi aussi je suis allée au lit mais sans trouver le sommeil. J'avais encore envie de fuir, mais pour quelle destination ? Au village, mon père me frapperait et me demanderait de retourner chez mon mari. Le lendemain matin, le monstre a imposé à tout le monde de rester sur place.

Personne ne devait se rendre ni à la plantation ni nulle part. Il semblait vraiment décidé.

Il fallait que je dise à ses épouses si j'étais déjà « femme » ou non.

Elles m'ont posé la même question et je leur ai donné la même réponse. Irrité par ma réponse, le monstre est venu me trouver à la cuisine où je me réchauffais au coin du feu et il a commencé à me donner de violents coups de poing à la tête, au ventre, sur tout le corps. J'ai voulu m'enfuir, il s'est mis devant la porte de la cuisine. J'étais à sa merci et il m'envoyait des coups de pied sans ménagement.

Ses yeux étaient devenus tout rouges comme ceux d'un fauve enragé. Pendant qu'il me battait, il me posait la même question et je répondais en pleurant que je n'étais qu'une petite fille ; il redoubla donc les coups et me mordit férocement à l'épaule. J'ai cru qu'il m'avait arraché un bout de chair.

Ses femmes se sont mises à pleurer et lui ont crié de me lâcher, parce qu'il risquait encore de commettre un crime.

Je perdais beaucoup de sang, j'avais la tête qui tournait et je suis tombée évanouie. J'ai appris qu'il était allé se cacher près du ruisseau non loin de nos cases, après son acte de violence.

Sa première femme, voyant que j'étais toujours allongée par terre, alla alerter un voisin qui campait avec son épouse à quelques pas de nos cases. Le voisin m'a trouvée dans un bain de sang, toujours sans connaissance. Avec une de mes coépouses, ils ont cherché le monstre et l'ont trouvé assis près du ruisseau. Lorsqu'ils m'ont rejointe là où je me trouvais allongée, j'étais déjà revenue à moi mais j'avais une terrible douleur à l'épaule ; on aurait dit qu'un serpent m'avait mordue.

On m'a tout de suite conduite au village du monstre où une cousine et d'autres personnes ont essayé de me soigner. La blessure s'infectait étrangement… J'ai toujours cette cicatrice à l'épaule. (Elle me montra sa cicatrice qui s'est transformée en chéloïde).

Pendant qu'on soignait ma blessure, ma cousine a écrit à mon père pour lui raconter ce qui m'était arrivé. Mon père a reçu la lettre mais il a refusé de venir me voir. Il a envoyé ma mère qui est arrivée en pleurant.

C'était sa seule manière de s'exprimer, bien entendu. Elle est restée auprès de moi pendant une semaine environ. Au moment de partir, elle a fait appeler le monstre et quelques notables pour dire qu'on m'avait mariée à lui non pour qu'il me tue mais pour qu'il s'occupe bien de moi.

Elle a surtout fait comprendre au monstre que j'étais encore jeune et que ce n'est pas en me rudoyant que les choses s'arrangeraient, car « on n'appelle pas le chien, le bâton à la main »[29], avait-elle ajouté. D'autres personnes ont encore pris la parole pour appuyer ce que ma mère disait.

[29] On ne peut pas obtenir les faveurs, la sympathie de quelqu'un par la violence.

Tous prenaient soin de parler au monstre avec gentillesse parce qu'ils savaient de quoi il était capable. Celui qui avait déjà tué pourrait recommencer. Pendant que ma mère et quelques notables parlaient, il était impassible et semblait penser à autre chose. Ma mère est repartie me laissant avec ce monstre qui me donnait envie de vomir chaque jour davantage.

Lorsque ma plaie fut cicatrisée, nous sommes retournés dans la forêt qui était le lieu de prédilection du monstre. Là-bas au moins, il était à l'abri des regards indiscrets et pouvait me battre comme il voulait. Et surtout, il avait peur de me voir en contact avec d'autres jeunes filles et jeunes hommes.

Quand nous sommes repartis au campement, il m'a laissée tranquille pendant deux semaines, puis, il a recommencé à me harceler en m'accablant d'insultes et de menaces.

Vers six heures du soir, j'étais en train d'éplucher un ananas, il est arrivé, m'a ordonné de tout arrêter et m'a dit : « Ce soir, tu ne manges pas, tu ne bois pas. Tu vas me dire comment tu es.

Je n'ai pas dépensé mon argent pour rien. D'ailleurs, c'est ton père qui est venu prendre mon argent une deuxième fois alors que je te croyais partie pour toujours. Tu me dis comment tu es à partir de maintenant jusqu'à ce qu'on se couche ». Je tremblais, j'avais extrêmement peur.

Je suis allée m'enfermer dans ma chambre. Il s'est mis à frapper à la porte. Comme je n'ouvrais pas, il a défoncé la porte d'un coup de pied et s'est jeté sur moi pour essayer de me violer.

Je me débattais, je hurlais, je le griffais. Il s'est mis à me griffer lui aussi et à me donner des coups violents sur la tête. J'avais peur qu'il me morde encore. Je criais très fort et je me débattais comme je pouvais. Ses femmes sont arrivées en pleurant elles aussi. Elles essayèrent de s'interposer mais il leur donna des coups de poing. C'est à ce moment-là que j'ai réussi à sortir de cette chambre où je commençais à voir ma mort arriver. Je suis allée me cacher derrière la maison principale, au milieu des bananiers, il faisait déjà nuit. C'est là que j'ai dormi jusqu'au matin.

Très tôt le matin, sa première femme lui a suggéré que nous repartions au village afin qu'on parle sérieusement de cette affaire devant les notables et qu'on sache une fois pour toutes si j'étais déjà « femme » ou pas. Il a suivi le conseil de sa femme et nous sommes retournés au village le lendemain. Il a réuni rapidement certains membres de sa famille, quelques notables et il a fait appeler aussi ma cousine.

Il a pris la parole le premier pour dire à tous ceux qui étaient là de me demander si j'étais déjà « femme » parce qu'il risquait d'aller encore en prison si je continuais de mentir. On m'a encore posé la question mais ma réponse n'avait pas changé. Il s'est levé pour me battre devant les gens mais les notables ont pu le calmer.

A la fin de cette palabre, ma cousine m'a prise à part et m'a donné l'idée de faire croire au monstre le soir même que j'étais prête à passer la nuit avec lui. Après, je pourrai trouver le moyen de m'enfuir parce qu'elle estimait que j'étais en danger. J'ai donc suivi son conseil. Le soir, je suis devenue toute gentille. Je me suis mise à l'appeler par son prénom « Lazare », alors que je ne l'avais jamais appelé depuis qu'on m'avait vendue à lui.

Je me suis lavée, j'ai mis une eau de toilette très en vogue à l'époque appelée « joli soir » et je suis allée lui dire que nous dormirions ensemble même si je n'étais pas encore « femme ». Ses yeux se sont illuminés tout à coup, et il a même esquissé un sourire qui le rendait plus laid encore. Comme je n'avais pas de pétrole et que c'est lui qui nous en donnait, je lui ai demandé de m'en mettre un peu dans la lampe.

J'ai profité de son petit temps d'absence pour m'enfuir et chercher le chemin qui menait chez un cousin qui habitait non loin de là. Je suis arrivée dans ma fuite au bord d'un grand fleuve « Mvédzé ».

J'ai plongé dans le fleuve sous le regard étonné des enfants qui prenaient un bain du soir.

J'ai traversé le fleuve à la nage. Je suis arrivée près d'un ruisseau que j'ai traversé à reculons en me disant que si le monstre se lançait à ma poursuite, il ne saurait jamais où j'étais allée.

Ensuite, je me suis couchée au pied d'un arbre et je me suis endormie. Le matin, j'ai été réveillée par les conversations des femmes qui passaient par là pour se rendre à leur plantation. Je suis allée vers elle et j'ai reconnu l'une d'entre elles qui m'a reconnue aussi. Elle m'a informée que le bruit courait que je m'étais enfuie et que je m'étais noyée.

Elle m'a ensuite indiqué le chemin qui menait au village le plus proche. J'ai attendu la tombée de la nuit pour partir. La nuit venue, je me suis mise en route et je suis arrivée chez mon cousin alors qu'il était déjà couché. Il était heureux de me voir parce qu'il avait appris lui aussi que je m'étais noyée. Il m'a arrangé un lit et j'ai dormi profondément.

Le lendemain matin, il m'a accompagnée dans mon village où ma mère et d'autres femmes m'ont accueillie avec des cris de joie, car elles étaient toutes convaincues que j'étais morte.

Mon père, lui, regardait tout cela d'un œil presque indifférent. Mon cousin n'a pas manqué de lui dire son indignation et lui a demandé de ne plus m'envoyer chez le monstre. Mon père ne lui a pas répondu.

Une semaine plus tard, on est venu remettre une convocation à mon père. Le monstre était allé porter plainte parce que je m'étais enfuie alors que je lui devais sa dot.

Quand mon père reçut la convocation, il est venu la jeter aux pieds de ma mère en disant : « Demain, il faut que ta fille et toi alliez donner votre réponse aux autorités. Moi, je n'ai rien à dire ».

Ma mère est allée se plaindre à son tour de l'attitude de mon père chez un de mes oncles paternels qui a presque sommé mon père de se rendre en ville, à la « maison des palabres ».

Le lendemain matin, mon père, ma mère et moi avons pris place dans une camionnette.

Nous étions assis côte à côte mais personne ne parlait. Quand nous sommes arrivés à « la maison des palabres », le monstre était déjà là. Il connaissait celui qui devait nous entendre, nous avait-on dit.

Quelque temps après, on nous a appelés. La parole a d'abord été donnée au monstre qui a affirmé devant tout le monde que j'étais rebelle, orgueilleuse, j'avais osé fuir avec sa dot, etc.

Ensuite, on a donné la parole à mon père qui a voulu être bref. Il a dit au monstre : « Je n'ai pas d'argent pour rembourser ta dot, prends ta femme et emmène-la ». Ma mère et moi nous étions ébahies. Nous n'en croyions pas nos oreilles.

L'homme qui présidait la séance a fait remarquer que mon père avait déjà tranché. Il nous demanda donc de sortir de la salle et d'aller sous le badamier, arbre sous lequel les différentes parties allaient encore discuter, se disputer et même se battre après le verdict de « la maison des palabres ».

Nous sommes sortis et au même moment, deux hommes s'approchèrent de moi pour m'intimer l'ordre de regagner le foyer conjugal. Pour toute réponse, je leur ai craché au visage. L'un d'entre eux m'a donné une gifle et je suis tombée. Je me suis relevée aussitôt et une bagarre a éclaté entre eux et moi. J'avais déjà quatorze ans et demi environ. Je ramassais des pierres, des bouts de bois, tout ce que je pouvais trouver par terre pour le leur lancer.

Ma mère a essayé de prendre ma défense mais un homme lui a donné un coup de pied dans le bas-ventre. Mon père, lui, assistait à cette scène d'une violence rare sans broncher. C'était choquant de le voir aussi passif. Moi, je ne désarmais pas, j'étais décidée à aller jusqu'au bout et je me battais avec toute la force de mon jeune corps. Voyant mon déchaînement, le monstre est entré dans la bagarre et m'a assené un coup de poing à la figure.

J'ai réagi aussitôt en l'attrapant par les jambes mais il était bien trop lourd pour que je puisse le renverser. Après m'avoir assené un coup de poing au nez, il a été voir un de ses neveux, maire de la ville où nous étions pour solliciter son aide.

Ce dernier a mis tout de suite à sa disposition un camion de la voirie qui transportait toutes sortes d'ordures puantes et des bouteilles cassées. Ce camion est venu se garer près du lieu où nous nous battions. Deux hommes m'ont saisie énergiquement par le tronc et deux autres par les pieds et ils m'ont jetée dans le camion au milieu des déchets et des tessons de bouteille. Ma mère a voulu monter avec moi, le monstre et ses cousins l'en ont empêchée. Dès que mon père a vu le camion partir, lui aussi s'en est allé, sans honte, sans regrets. Dans le camion, on m'avait mise à plat ventre, les mains derrière le dos, le nez et la bouche sur les déchets. Cette odeur m'étouffait. Le monstre et ses cousins qui avaient pris place dans le même camion m'envoyaient des coups de pied et des coups de poing à la tête.

Le monstre disait à ses cousins de me frapper parce que je me prenais pour une belle femme alors que j'étais une chose, sa chose. Les coups pleuvaient sur moi, j'ai cru que j'allais mourir.

Mon visage avait enflé, j'étais devenue méconnaissable.

Le camion nous a conduits dans le village du monstre et on m'a fait descendre. Je n'arrivais plus à me tenir debout. Ma mère est arrivée aussitôt en courant et s'est mise à pleurer en voyant mon visage tuméfié. On m'a enfermée dans une chambre dont le monstre était le seul à garder la clef. Ma mère était assise par terre dehors et pleurait. On lui avait interdit de bouger de là tant qu'elle n'avait pas trouvé l'argent de la dot, car selon le monstre et ses parents, c'est elle qui m'incitait à la révolte.

On se moquait de son infirmité (Elle avait perdu un œil à la suite d'un accident) et on l'insultait. Quand le monstre venait ouvrir la porte de la chambre où j'étais enfermée, c'était pour me frapper.

Il le faisait toutes les heures avec une sorte de plaisir diabolique. J'avais mal partout et je me sentais si fatiguée que je me suis mise à implorer son pardon.

Plus je lui demandais pardon, plus il s'acharnait sur moi. Quand ma mère m'a entendue implorer le pardon du monstre, elle a couru chez le pasteur du village pour qu'il vînt me porter secours.

Ce dernier est arrivé sans tarder et lui a dit qu'on ne pouvait pas traiter un être humain de la sorte.

Il l'a supplié de me donner à manger. Le monstre a donc envoyé une de ses femmes pour venir me donner à manger à travers un gros trou qu'il y avait au mur.

Elle a apporté dans une grande feuille : deux atangas, une boule d'arachide cuite dans un paquet et un peu de banane. Ma mère qui était toujours dehors m'a crié de ne pas toucher à cette nourriture. Peut-être, l'avait-on empoisonnée ! Elle a ajouté que Dieu seul m'aiderait à survivre malgré tous les sévices qu'on était en train de m'infliger.

Le soir, le monstre est revenu dans la chambre où j'étais enfermée, une lampe de poche à la main et il m'a frappée avec cette lampe. Ma mère est allée rappeler le pasteur qui, indigné, a presque crié au monstre : « Fais sortir cette enfant, fais-la sortir tout de suite. Tu connais Dieu ou tu ne connais pas Dieu ? On sait que tu as déjà tué une fois, ne tue plus une deuxième fois ».

Après l'intervention vigoureuse du pasteur, le monstre m'a fait sortir. Ma mère et moi avons suivi le pasteur et nous avons mangé et dormi chez lui.

Le lendemain matin, il a demandé au monstre de le suivre en ville où il nous avait emmenées. Ensuite, il a fait appeler mon père d'urgence ainsi que certains notables. Nous nous sommes réunis chez un des amis du pasteur. J'avais le visage boursouflé et des contusions partout. Les gens étaient indignés de me voir dans un tel état.

Mon père n'osait plus me regarder et avait l'air très embarrassé. Il prit la parole le premier et s'adressa au monstre pour la première fois, en ces termes : « Rends-moi ma fille maintenant. J'ai supporté tout ce que tu as fait jusqu'à présent. Nombreux sont les gens de mon clan qui savent ce que tu es en train de faire subir à ma fille. Ça suffit maintenant.

Dans deux semaines je te dirai ce que je ferai. Pour l'instant, je l'emmène au village ».

Le monstre n'a rien répondu. Je n'avais rien à dire puisqu'il m'avait déjà bien abîmée. Heureusement pour moi, il n'y avait jamais eu de contact sexuel entre lui et moi !. C'est ce qu'il voulait surtout et c'est surtout ce que je lui refusais. Mes parents m'ont ramenée au village, fatiguée, meurtrie physiquement et moralement. Ma mère a arrêté d'aller aux champs et m'a fait des cataplasmes avec des feuilles et des herbes qu'elle connaissait bien. Je suis restée faible pendant deux semaines au moins. Je me suis remise petit à petit et j'ai essayé d'oublier les derniers traumatismes que j'avais connus. Ma mère faisait tout pour m'aider mais c'était difficile.

Le mari de ma grande sœur est venu me rendre visite. Ma mère lui a demandé de trouver un homme qui voudrait bien m'épouser et rembourser la dot au monstre. Je n'avais pas envie qu'elle parle encore de mariage, cela me paraissait trop tôt. Mais elle n'avait pas tort non plus puisque des personnes venaient rapporter à mon père que le monstre avait l'intention de réclamer sa dot. Il fallait bien trouver quelqu'un qui fût capable de payer une telle somme (200 000 F).

Mon beau-frère est parti mais n'est pas revenu tout de suite. Entre temps, un de mes cousins avait organisé une surprise-partie dans le village et avait invité de nombreux jeunes gens dont l'âge variait entre quinze et vingt cinq ans. C'est là qu'un de ses camarades m'avait vue. Je lui ai plu. Après tous les moments douloureux que j'avais déjà vécus à mon âge, je ne pouvais pas repousser les avances d'un garçon si jeune et si doux. Je me suis donc donnée à lui presque aussitôt, sans opposer de résistance.

J'éprouvais au fond de moi une grande joie et même de la fierté de n'avoir jamais été touchée par le monstre. S'il avait réussi à le faire, ça aurait été un traumatisme supplémentaire. Rien que l'imaginer dans mon lit me donnait envie de pleurer de dégoût. Le jeune garçon et moi avions continué de nous voir à l'insu de mon père qui me considérait toujours comme la « femme d'autrui » à partir du moment où je n'avais pas encore remboursé la dot.

Un jour, je suis allée chercher du bois et j'ai trouvé à mon retour, un homme d'un certain âge assis dans la cuisine de ma mère. Cette dernière m'a demandé de le saluer mais j'ai refusé, comme si je savais qui était cet homme. Gêné, l'homme est sorti.

Ma mère est restée à me dire : « Ne commence pas tes histoires. C'est un homme que ton beau-frère t'a trouvé. Il a de l'argent et est disposé à rembourser la dot à ton mari. Ou tu l'épouses ou tu retournes chez celui qui veut te tuer ».

J'ai voulu contester mais ma mère ne m'en a pas donné le temps. Elle a pris le balai et a commencé à me frapper elle aussi. Mon Dieu ! Je suis devenue celle que tout le monde frappe ! Même ma mère qui a toujours essayé de me comprendre s'est mise du côté de mes persécuteurs !

Après m'avoir frappée, elle essaya de m'expliquer plus calmement pourquoi je devais absolument accepter de me marier avec ce nouveau venu. Je savais tout ça mais j'en avais marre d'aller d'homme en homme sans avoir la liberté de choisir. Mon nouveau prétendant a réuni très rapidement toute la dot et est venu la remettre à mon père. Tous les deux sont allés au village du monstre pour la lui restituer.

A seize ans, j'étais à mon quatrième mariage. Mon nouveau mari est venu demander officiellement ma main et on la lui a accordée tout de suite. Moi, je ne l'entendais pas de cette oreille, je me suis enfuie chez mes oncles qui ne m'ont pas du tout soutenue et m'ont plutôt conseillé d'accepter mon nouveau mari même s'il avait lui aussi déjà deux femmes et des enfants de mon âge. Je ne savais plus où aller et quoi faire, j'ai donc décidé de me résigner.

J'en avais marre de me battre. Je suis restée dans mon village un mois encore avant qu'on ne me conduise chez mon nouveau mari. Je me suis rendu compte quand on m'y emmenait que j'étais enceinte du collégien. Je n'ai rien dit à personne même pas à ma mère.

Mon nouveau mari a commencé lui aussi à me harceler pour que j'aille dans son lit. J'ai résisté un peu, puis j'ai laissé faire. Il y avait dans mon cœur un sentiment « d'à quoi bon » et de lassitude. Heureusement que mon nouveau mari était tout le contraire du monstre ! Quand je refusais de me donner à lui, il ne me menaçait pas et me disait qu'on avait tout le temps.

Je crois d'ailleurs que c'est pour cela que je n'ai plus cherché à fuir une fois que je suis arrivée chez lui. Il acceptait mes caprices et avait même tendance à me dorloter. Lorsqu'il m'a vue enceinte, il a pensé que j'attendais son enfant et il était plein d'attentions pour moi. Quand j'ai accouché, il m'a envoyée chez ma mère pour qu'elle s'occupe de moi.

Pendant que j'étais dans mon village, le monstre est allé déposer une plainte contre mon père et mon nouveau mari pour revendiquer le bébé, car disait-il, je suis tombée enceinte avant qu'on ne lui rembourse la dot. Donc, la dot lui donnait le droit à la paternité. Moi qui croyais cet être sorti de ma vie, j'étais consternée.

Mon père et mon mari se sont rendus à Oyem cette fois, au tribunal de grande instance où le monstre les a suivis. Les juges les ont entendus et ont estimé que l'enfant n'appartenait ni au monstre, ni à mon nouveau mari mais à mon père. Mon père a refusé de prendre l'enfant et l'a donné à mon nouveau mari. Moi, je ne voulais plus rien entendre. Je les laissais décider ce qu'ils voulaient, car qu'est-ce qu'a été ma vie ? Si ce n'est un lot de malheurs, de pleurs, de sévices de toutes sortes.

Quand je vois des jeunes femmes de mon âge qui travaillent et qui ont des maris qu'elles aiment, je me sens toute malheureuse et j'en veux à mon père qui a « mangé ma vie ». Et pourtant, j'aurais pu y arriver comme les autres. J'ai l'impression que tous les traumatismes que j'ai connus ne s'effaceront jamais malgré les huit enfants que j'ai eus. Je demande à mes filles de me venger en continuant leurs études et surtout, j'ai presque interdit à leur père qui peut être leur grand-père, de songer à les marier contre leur volonté. Mes filles se marieront par amour, rien que par amour.

CHAPITRE V

L'amour, chicotte à la main

Cette femme de 70 ans que j'ai rencontrée en 2002, a dû être très belle dans sa jeunesse. Même âgée, elle garde un certain charme. Pour raconter son histoire, elle a choisi un cadre discret : sa chambre qu'elle a pris soin de verrouiller. D'une voix basse et hésitante, elle commença.

Je me suis séparée de ma mère à huit ans, car c'est à cet âge que mon père et mon frère aîné ont décidé de m'envoyer en mariage. Ce jour-là, je me souviens que ma grand-mère avait fait cuire dans un paquet un petit rat-palmiste pour moi.

Quelques heures avant mon départ, elle m'a dit : « Va, on t'emmène en mariage, je vais à la plantation, rien de méchant ne t'arrivera ». On ne m'a pas brutalisée, on m'a juste appris que j'étais mariée à un homme dont le village se trouvait à vingt kilomètres et que je devais prendre mes affaires et suivre mes parents. Nous avons fait le chemin à pied marquant plusieurs arrêts, car mes pieds nus commençaient à enfler.

Mon frère aîné m'a mise sur ses épaules quand il s'est aperçu que je boitais et que je pleurais. Nous avons passé la nuit dans un petit village, à un kilomètre de chez mon mari. Ensuite, on a envoyé quelqu'un pour annoncer notre arrivée imminente. Une délégation composée des membres de la famille de mon mari est venue à notre rencontre et a versé une dot de 2000 francs (1000 francs en argent de Pétain et 1000 francs de tissu).

C'est au crépuscule que j'ai été conduite chez mon mari. Mon oncle maternel et ma mère ont eu droit à quelques cadeaux. Les femmes se réjouissaient et poussaient des cris de joie. Moi, je ne me sentais pas du tout concernée par ces cris. J'avais sommeil et je voulais aller au lit.

Les manifestations de joie ont duré trois jours. Mon père et les autres membres de ma famille ont pris congé. Ma mère est restée avec moi pendant trois jours supplémentaires. Quand le jour de son départ arriva, je me suis mise à pleurer. J'ai pleuré toute la journée. On ne savait plus quoi faire pour me consoler. Les sœurs de mon mari avaient à peu près mon âge.

On a fait appel à elles pour jouer avec moi. Je me suis donc accrochée à ces jeunes filles. Nous allions ramasser des escargots et nous les préparions dans de petites marmites, à la manière des filles de notre âge. Je me sentais plus à l'aise avec ces filles qu'avec leur frère. Il avait une femme qui pouvait être ma mère mais elle ne faisait pas d'enfants. A l'époque, quand une petite fille se mariait avec un homme plus âgé, on surveillait de très près sa puberté. Je me sentais examinée du regard par mon mari, sa femme et ses proches.

Malheureusement pour moi, les culottes et les serviettes étaient rares. Lorsqu'une femme avait ses règles, elle s'asseyait sur de vieux vêtements et il paraissait difficile d'être discrète. J'ai donc été pubère à treize ans. Ma coépouse, qui représentait les yeux et les oreilles de mon mari m'accablait de questions. Ayant observé que j'avais eu mes règles, elle en avait parlé à mon mari qui ne savait pas trop comment m'aborder. Je ne l'aimais pas, il ne m'intéressait pas. Lui, il me voulait dans son lit absolument. Puis, vint le jour où je devais passer la première nuit avec mon mari qui me rappelait d'ailleurs mon père. J'avais treize ans et demi environ.

Ma coépouse était l'entremetteuse et s'était arrangée pour m'attirer dans une petite chambre où devait me rejoindre son mari. Lorsque je me suis rendu compte de ses manœuvres, je suis allée passer la nuit dans les broussailles, derrière les maisons. Je suis sortie de ma cachette le matin et j'ai eu droit à plusieurs coups de chicotte aux fesses. Je me suis encore enfuie. Je me suis enfoncée un peu plus dans la forêt.

Ensuite, je suis allée me réfugier chez mes parents qui m'ont sermonnée, car disaient-ils, j'étais déjà en âge de me donner à mon mari. Ce dernier est venu me chercher et mes parents ont exigé que je reparte avec lui. Je ne pouvais pas refuser, car tout le monde avait l'air de souhaiter mon départ.

Chaque fois que mon mari avait besoin de moi, tout le village était ameuté, car je pleurais, je criais et il me battait. Quand je me débattais, il me plaquait sur le lit, attachait vigoureusement chaque jambe avec le pied du lit et il avait des relations sexuelles avec moi. J'ai eu ma première grossesse à quatorze ans. A trois mois de grossesse, mon mari m'a donné l'autorisation de partir chez mes parents. J'étais très heureuse, car j'allais être enfin séparée de cet homme. Je pouvais me reposer et oublier ma vie de souffrance, ces nuits de violence et de pleurs.

J'ai accouché d'une petite fille et je suis restée chez moi pendant un an au moins. Lorsque j'ai sevré ma fille, le calvaire a recommencé. Il s'est remis à me frapper, à m'attacher, à me brutaliser. J'ai eu mes trois premiers enfants dans la douleur, les cris et les pleurs.

Je détestais l'acte sexuel, mais je n'avais pas le choix. Quelques années après, mon mari a été atteint par une grave maladie. Il a donc cessé de m'importuner. L'esprit de Dieu m'a touchée, je l'ai accompagné à l'hôpital où il devait suivre un traitement. Nous avions déjà trois enfants même s'ils n'avaient pas été conçus dans l'amour.

Pendant que nous étions à l'hôpital, je me suis rendue à la rivière pour laver son linge et le mien. J'ai entendu une voix me dire d'aller trouver mon mari, car j'aurai un garçon. Or, depuis qu'on m'avait jetée dans les bras de cet homme, il ne m'était jamais venu à l'idée d'aller volontairement dans sa chambre. Tout m'était imposé. Ce fut donc la première fois que j'allais dans son lit librement. Je suis tombée enceinte la même nuit.

Après la naissance de mon fils, je n'ai plus eu envie de partager le lit avec lui. J'ai eu une fille avec un autre homme.

Après la guérison de mon mari, nous nous sommes mariés à l'Eglise et nous avons eu un deuxième garçon. Après ce garçon, nous avons tout arrêté d'autant plus qu'il devenait âgé. Quand il y avait des cérémonies, des danses, il m'interdisait d'y aller. Il préférait que j'aille à l'église ou à des obsèques. Il haïssait les jeunes gens et les chassait à coup de bâton dès qu'ils osaient s'approcher de sa concession.

Mais cela ne m'a pas empêchée d'aimer d'autres hommes sans pour autant avoir l'intention de quitter mon mari. Dieu m'a bénie et m'a donné des enfants. Peut-être, n'aurais-je pas été bénie si j'étais allée épouser un homme que j'aimais et qui m'aimait. J'ai eu huit enfants au total.

Mon mari a accordé la liberté à ses filles de choisir leur conjoint. Cela me réjouit le cœur. Car, quand je vois des pères marier encore leur fille contre leur volonté, cela me fait penser à ce que j'ai subi. J'ai aujourd'hui trente quatre petits-fils et trois arrière-petits-fils.

Je remercie Dieu pour tout et je vais chanter un chant de gloire.

Mon Dieu je te remercie beaucoup
Mon Dieu je te remercie beaucoup
Grand merci, grand merci, Mon Dieu

CHAPITRE VI

Deux prétendants, un mari

Mariée à un kilomètre environ de mon village, cette femme de 55 ans est restée svelte bien qu'elle ait été mère onze fois. Venue à pied de chez son mari, parce qu'elle avait entendu dire qu'une personne était arrivée de Libreville pour recueillir les témoignages des femmes mariées contre leur volonté, elle paraissait embarrassée lorsqu'elle arriva en début d'après-midi en ce mois de juillet 2003 dans la cuisine de ma mère et me demanda si elle avait la possibilité, elle aussi, de raconter son histoire. Lorsque je répondis »oui », elle esquissa un sourire intimidé et triste et commença.

J'ai été à l'école jusqu'au CM1. Mon mariage s'est passé d'une manière inattendue et étrange.

Un jour, ma mère m'a emmenée en voyage, j'avais 10 ans. C'est au cours de ce voyage qu'un jeune homme m'a vue. Il est venu ensuite au village et a avoué à mon père qu'il voulait m'épouser.

Mais mon père avait déjà pris 150 000 francs chez un vieux. Ni ma mère, ni personne n'était au courant de sa démarche. Mon futur mari était encore à l'école et avait trouvé du travail après son baccalauréat. Il envoya aussitôt 100 000 francs à mon père qui, sans hésiter, empocha et la dot du vieux et celle du jeune homme. Finalement, c'est le jeune qui vint demander ma main le premier alors que j'étais encore sur le banc de l'école. Il ne manquait pas de charme. Mais je ne voulais pas aller en mariage ; c'était l'école qui m'intéressait. Même ma mère était opposée à mon mariage. Lorsque mon père prit conscience que j'étais intraitable et qu'il avait perçu deux dots, il alla se réfugier à Minvoul.

De là-bas, il envoyait des instructions et recommandait à ses frères de m'obliger à rembourser la dot au vieux prétendant. Ma pauvre mère suppliait mes oncles paternels d'ignorer les instructions de leur frère. Mais ces derniers ne voulaient rien entendre et décidèrent de me marier au jeune qui travaillait en ville. Ils contraignirent maman à m'accompagner dans le village du jeune pour récupérer la dot de mon premier prétendant.

Je pleurais à fendre l'âme mais personne n'avait pitié de moi, au contraire, tous mes oncles tenaient des propos blessants et intimidants à mon endroit et me disaient : « S'il arrive quelque chose à notre frère, tu le regretteras toute ta vie ». Finalement, ma mère se résigna et décida de m'accompagner au village de mon jeune prétendant. Nous y sommes allées à pied et nous avons trouvé mon mari qui semblait nous attendre. A quatre heures du matin, le lendemain de notre arrivée, un car était venu chercher ma mère, mon mari et moi pour nous emmener à Libreville, où ma mère était censée aller chercher la dot.

A Libreville, je refusai de me donner à mon mari même si j'avais déjà eu mes règles. Je ne l'aimais pas du tout en dépit de sa jeunesse. Ma mère séjourna à Libreville pendant environ un mois et retourna au village sans avoir pu récupérer la dot du vieux prétendant.

Mon mari qui n'avait pas assez d'argent, s'était contenté de lui remettre 5000 francs pour payer son transport. A la gare routière de Libreville, j'étais en pleurs quand le car dans lequel ma mère s'embarqua s'éloigna de moi. Il y avait un beau-frère à mes côtés. Il fit ce qu'il pouvait pour me consoler mais j'étais inconsolable. Mon mari profita du départ de ma mère pour me harceler.

Ayant le champ libre, il m'entraîna dans sa chambre tout de suite après.

Comme c'était un gaillard, un costaud, je ne pus résister plus longtemps. Il n'était pas laid mais je ne l'avais pas choisi. Quand il prit conscience que je ne l'aimais pas, il commença à bien s'occuper de moi. Il était si attentionné qu'il prit des femmes de ménage lorsque j'attendis un bébé.

Il me gâtait tant et si bien que j'avais oublié que je ne l'aimais pas. Il ouvrit même une boutique pour moi. Il ne me brutalisait pas, j'étais vraiment très bien. Nous avons eu onze enfants et nous en avons perdu six. Après la retraite de mon mari, nous sommes rentrés au village.

C'est au village qu'il a commencé à me maltraiter, à se montrer très méchant. Il avait plein de copines et me faisait sûrement payer le fait que je n'avais pas voulu de lui quand j'étais plus jeune. Je ne savais pas qu'un homme que je n'avais jamais aimé, aurait pu apprivoiser mon cœur. Ainsi il m'avait complètement oubliée et ne me regardait plus. J'en souffrais énormément. Aujourd'hui, il est allé prendre une deuxième femme alors que nous sommes mariés sous le régime monogamique. Il ne me dit plus rien, chacun vit sa vie. C'est moi qui m'occupe de nos enfants et petits-enfants.

Sa femme et lui savourent du gibier et d'autres mets délicieux sans daigner me donner un « sabot de gazelle »[30]. Mes enfants me soutiennent et me demandent de ne pas tenir compte de son comportement à mon égard. C'est ce que j'essaie de faire. Mais cela est difficile. Je me sens bloquée, prise au piège. Si j'avais mené la vie de liberté des femmes d'aujourd'hui, je serais déjà partie. Mon mari se sent encore très jeune et mène la belle vie avec sa femme, moi, je suis oubliée alors que j'ai encore besoin d'un homme. Mais je reste pour mes enfants et mes petits-enfants. Je ne peux rien faire d'autre, je n'ai qu'à attendre ma mort ici, dans son village pendant qu'il mange des porcs-épics et des pangolins avec sa femme, sous mon nez. Dieu lui-même sera avec mes enfants et moi !

---

[30] Elle utilise cette expression pour traduire l'égoïsme et l'indifférence de son mari.

Je dirai pour terminer que dans le passé, les mariages arrangés et forcés duraient plus que les mariages d'aujourd'hui : une femme pouvait détester son mari, mais elle restait pour ses enfants. Même certaines femmes qui n'avaient pas eu d'enfants ne divorçaient pas et restaient mariées jusqu'à leur mort.

Aujourd'hui, on donne déjà des millions pour épouser une femme, mais ces types de mariages se brisent aussi vite qu'ils ont été contractés. On ne sait pas vraiment où va la vie.

CHAPITRE VII

Une fille à l'école, ça n'aboutira à rien

A l'heure où les poules cherchent un lieu pour dormir et où les coqs ont cessé de chanter, une femme bien conservée en dépit de ses nombreuses maternités et des travaux champêtres éreintants, vint me voir un soir chaud d'octobre 2002, sourire aux lèvres, pour me raconter, selon elle, l'histoire qui ne lui a pas permis « d'être comme les filles de son âge ». Nous nous sommes assises à la véranda de la maison de mon père. Agée de 42 ans, elle avait un ton hésitant. Elle balbutia quelques mots inaudibles avant de commencer.

Mon père comme tout le monde, m'a inscrite à l'école. Il avait plein d'amis et buvait beaucoup.

Il s'était permis de prendre la dot chez un de ses amis qui me cousait les habits. Un jour, cet homme a tué une grosse antilope et est venu donner toute une cuvette de viande à mon père. Mais il s'est violemment disputé avec lui, et leur amitié s'est brisée. C'est ainsi qu'un de ses autres amis est venu le voir et lui a expliqué qu'il avait un fils à Libreville et qu'il aimerait venir m'épouser pour lui. Je devais avoir 7 ans. Quelques mois plus tard, j'ai vu des gens venir dans mon village avec beaucoup de poisson et d'autres produits alimentaires. C'était pour se présenter officiellement à mon père et ficeler les fiançailles.

Lorsque j'ai atteint l'âge de 10 ans, ils sont venus demander ma main, et ont dit à mon père qu'il n'avait rien à craindre, qu'ils iraient m'élever eux-mêmes. Mon père leur a demandé de revenir pendant les grandes vacances. Avant même cette période, mon jeune prétendant est venu me rendre visite. J'avais environ 11 ans. Mon père m'a sommée d'aller dormir avec lui pour créer une complicité entre nous. Je me suis mise à pleurer et je suis allée me réfugier dans la brousse. Quand je vis que la nuit commençait à tomber, j'ai eu peur et je suis revenue au village. Comme j'avais peur de mon père, je me suis exécutée la nuit suivante et je suis allée rejoindre mon jeune prétendant dans la chambre que mon grand frère lui avait cédée. Mon cœur battait très fort, car j'avais peur du sexe de l'homme. Mais mon fiancé ne me fit rien. Il devait être conscient que je n'étais pas encore une femme. Il repartit chez lui après avoir fait la promesse à mes parents de revenir dans quelques mois.

Pendant les grandes vacances, presque tous les gens de son village se sont déplacés pour demander ma main. Mon père m'informa que j'étais obligée d'arrêter mes études parce que les étrangers étaient déjà au corps de garde pour m'épouser. Le jour de mon départ en mariage, tous les frères de mon père se sont gardés de faire partie de la délégation, car ils voulaient qu'il assume ses responsabilités. Ayant pris seul la décision de me marier si jeune, il devait donc m'accompagner chez mon mari, tout seul. Ainsi, quand le fameux jour de mon départ en mariage arriva, les parents de mon mari louèrent une voiture. On me demanda d'y monter avec ma mère et d'autres personnes. Je pleurais à chaudes larmes. Mes sœurs qui sont restées au village pleuraient aussi ainsi que toutes les cousines de mon âge qui étaient dans la même classe que moi. Au village de mon mari, on m'a gardée trois jours dans la chambre et on a fait tout le mariage le troisième jour. Après le départ de mes parents, j'ai tellement pleuré que j'avais les yeux enflés. Les parents de mon mari m'ont consolée mais je pleurais de plus belle. Quelques semaines après, j'ai commencé à m'habituer à ma nouvelle situation.

C'est dans ce village que j'ai eu mes premières règles, pendant que je dormais. Je n'osais plus me lever parce que j'avais honte et mes habits collaient. Mon mari s'était levé avant moi, je ne voulais pas l'appeler pour l'informer. Je suis donc restée couchée pendant des heures. Les parents de mon époux se plaignaient et se demandaient ce qui m'arrivait.

C'est un homme âgé, ami de la famille, qui leur a conseillé d'aller voir si je n'avais pas de problème. Ma belle-mère est venue dans notre chambre et s'est rendu compte que ma robe était inondée de sang. Je ne pouvais plus rien cacher à personne. Comme j'avais pris l'habitude de dormir tout habillée, mon mari déchirait ce que j'avais sur moi. Je n'avais plus de robe. A un moment donné, comme je n'avais plus la force de me défendre, il a réussi à faire ce qu'il voulait.

Au moment où nous commencions à nous habituer, et que je me disais que cela ne servait plus à rien de pleurer parce qu'on m'avait brutalement enlevée de l'école, mon mari tomba malade et mourut, à 22 ans environ, alors que j'en avais 15. Après sa mort, on a décidé de me marier à son petit frère qui était au collège. J'avais accepté cette proposition malgré moi, car pendant qu'il se trouvait au collège, moi je restais au village.

Mon père avait même suggéré à mon beau-père de me mettre à l'école, d'autant plus que mon nouveau mari était lui aussi à l'école.

Pour éviter que je sois toujours seule, mes beaux-parents prirent donc la décision de me raccompagner chez mes parents, surtout que je ne m'entendais pas avec mon second mari. Mais ils ignoraient tous que j'étais enceinte de mon deuxième mari. J'ai accouché chez mes parents, et les parents de mon mari sont allés se plaindre au tribunal, car ils voulaient la garde de l'enfant.

On a enfermé mon père. Puis, le tribunal a pris la décision que la dot ne serait plus rendue à ma belle-famille parce que mon père avait déjà purgé sa peine.

A sa sortie de prison, mon père est rentré au village. Un soir, pendant que ses frères étaient au corps de garde, il est sorti de sa maison et il a dit à haute voix dans la cour : « Si j'avais su, je n'aurais pas envoyé ma fille en mariage, je lui aurais donné la possibilité de faire des études, peut-être, aurais-je été comme les autres et n'aurais-je pas connu toutes ces humiliations ».

Mon père a pris conscience que les filles de ses frères réussissaient à l'école et que d'autres travaillaient tandis que moi je me rendais aux champs tous les matins.

Il s'est mis à envier ses frères à qui quelques années plus tôt, il répondait : « Qu'une fille à l'école, ça n'aboutira à rien ». On ne pouvait plus revenir en arrière, c'était trop tard !

Ce que je veux dire aux pères de famille, c'est que les filles ont aussi de la valeur maintenant au même titre que les garçons. Autrefois, on pensait que les garçons seuls étaient capables de faire des études et pouvaient travailler au bureau. Quand on marie les filles alors qu'elles sont jeunes et ignorantes, leurs maris vont les abandonner tôt ou tard pour épouser celles qui ont été à l'école. Il est important qu'une fille apprenne comme un garçon.

Je conseille aussi aux filles d'aujourd'hui qui ont eu la chance d'aller à l'école de saisir cette occasion en prenant leurs études au sérieux. On constate que certaines filles, au lieu d'être sérieuses dans leurs études, s'en détournent pour s'attacher aux hommes. Ce qu'elles oublient, c'est que tôt ou tard, ces hommes iront chercher des filles plus instruites.

Que les filles fassent les études si elles en sont capables, leur avenir en dépend !

CHAPITRE VIII

Mariage après une partie de pêche

Pendant les grandes vacances de 2004, Paulette me reçut dans sa petite cuisine surchauffée.

Agée de 54 ans, elle préparait allègrement l'« ossoura medzââ »[31]. *La fumée était si épaisse que j'avais du mal à respirer. La dame visiblement plus habituée que moi à la fumée, essaya de retirer quelques bouts de bois afin de diminuer l'intensité de la fumée. Elle m'invita ensuite à m'asseoir et commença son histoire.*

Mon père m'a envoyée à l'école, mais il allait secrètement chercher des dots chez plusieurs hommes à la fois, et promettait à chacun de lui réserver une bonne surprise. C'était moi la surprise.

Un jour, il est allé prendre 40 000 francs chez un homme du village voisin. A l'époque, 40 000 francs représentaient une forte somme d'argent. Quelques mois après, cet homme et les gens de son village sont venus demander ma main et mon père la leur a accordée. Mais je n'aimais pas du tout cet homme que mon père avait choisi pour moi : il était déjà père de plusieurs enfants dont certains avaient à peu près mon âge. Lorsque mon père s'est rendu compte que je refusais l'homme qu'il me proposait, il a mis en place un stratagème : une cousine un peu plus âgée devait m'emmener à la pêche en empruntant des pistes qui pouvaient nous conduire non loin de chez mon mari. Comme elle connaissait bien la rivière, nous avons péché

[31] Les feuilles de manioc salées.

beaucoup de silures, de crevettes et de poissons tigrés à la morsure douloureuse[32].

Après quelques heures de marche, elle me fit remarquer qu'il était temps de rentrer au village. Elle connaissait parfaitement tous les petits chemins et je la suivis sans me douter de quoi que ce soit. D'autant plus qu'elle savait que mon père avait posté un de ses cousins non loin de là. Ce dernier nous attendait depuis des heures sur un vélo.

Dès qu'il nous vit arriver, il m'invita à monter avec tout le poisson que j'avais pêché et laissa ma cousine seule. Elle n'avait pas l'air surprise de me voir partir. Au lieu de se diriger vers notre village, il prit le sens opposé en pédalant nerveusement.

Moi, j'étais assise derrière, le corps plein de boue sans savoir où l'on m'emmenait. Je tenais mon « Nkoun »[33] de poisson avec précaution et je n'osais même pas demander à mon cousin où il allait si vite. C'est quand nous sommes arrivés à un village situé à trois kilomètres environ de chez moi, lorsque les femmes poussèrent des cris de joie (oyang), que je compris que mon père et les siens m'avaient trompée et que cette partie de pêche était un prétexte pour m'envoyer en mariage.

Je me suis mise à pleurer et j'ai jeté le poisson que j'avais pêché pour ma mère. Cette dernière est arrivée le lendemain, s'est jetée dans la cour et a pleuré en poussant des cris perçants.

Entre temps, on m'avait enfermée dans une chambre à double tour. Certains notables du village sont venus auprès de ma mère pour la conseiller. On lui a même remis quelques pagnes et de l'argent pour la calmer. Ma mère est repartie sans moi. J'avais douze ans environ. C'est donc dans le village de mon mari que j'eus mes premières règles. Il est vrai que je cachais tout ce qui pouvait éveiller les soupçons de mon mari,

[32] Ndoho et Mvông : poissons tigrés dont la morsure est douloureuse.

[33] C'est une sorte de nasse en bambou dont on se sert pour la pêche et dans laquelle on met le poisson.

mais il se produisit un malheureux incident qui donna l'occasion à ce dernier de savoir que j'étais pubère.

Pendant que je me suis levée pour aller chercher le pilon, j'ai fait tomber la serviette hygiénique que j'avais mal mise devant la première femme de mon mari et son fils aîné. Je crois que c'est sa femme qui est allée le lui rapporter et c'est ce jour-là que mon calvaire a commencé. Quand il voulait me toucher, je criais, je suppliais.

Il avait de longs ongles comme un épervier, et me griffait quand il me désirait. Je me suis défendue comme je pouvais pendant un temps, mais il me griffait tellement que je me suis laissé faire. Je suis tombée enceinte aussitôt et j'ai eu une fille. Sa femme s'est mise à me faire des histoires, car il faut avouer que mon mari ne voyait et ne voulait que moi. Avec lui, nous avons eu huit enfants, quatre filles et quatre garçons. Mais il était tellement jaloux qu'il me faisait des choses bizarres.

Par exemple, il avait donné l'ordre aux enfants de sa première épouse de me surveiller, de lui rendre des comptes sur mes allers et venues. Les enfants refusaient de jouer un tel rôle. Il se mettait dans une telle colère qu'il les maudissait. Parfois, quand il avait ses crises de jalousie, il allait chercher un caméléon et m'obligeait à passer dessus. Ou bien, il me demandait de passer sur la Bible.

C'étaient des fétiches. Toutes ces pratiques visaient à me faire peur, à m'obliger à lui rester fidèle. Il me menaçait et me disait que s'il m'arrivait de le tromper, je maigrirais d'abord, ensuite, je mourrais. Un jour, il a voulu coucher avec moi et j'ai refusé. Il m'a plaquée sur le sol et il m'a plongé ses longs ongles dans les parties génitales. J'avais des blessures à l'intérieur du vagin, j'avais du mal à uriner et je suis restée malade toute une semaine. Si « j'avais eu le vampire » (un pouvoir surnaturel), je serais morte, car mon mari était jaloux et méchant.

Ce que les autres font dans la joie et le rire n'a été pour moi que souffrance. La manière de procéder de nos parents n'était pas bonne. C'est mieux pour une fille de choisir elle-même son mari. Même si ton mari est gentil, quand tu ne l'as pas aimé, il y a toujours une petite hésitation, une certaine haine dans le cœur. Quand tu aimes ton mari, tu te sens mieux et tu assumes tes responsabilités.

Parmi les huit enfants que j'ai eus, il n'y en a que quatre qui ont pu faire des études. Mon mari est mort aujourd'hui. Je suis restée dans son village malgré tout ; je veux voir mes enfants devenir des personnes mûres.

CHAPITRE IX

Mariage avec un hôte gentil

La cuisine dont le foyer était momentanément éteint ne manquait pas du tout de charme.

Les marmites, soigneusement rangées dans la partie inférieure de l'anâk[34] *avaient été si bien récurées qu'elles étaient d'une blancheur éclatante. La maîtresse de maison, âgée de 68 ans était en train de décortiquer toute une corbeille d'arachides. Elle s'interrompit quand elle me vit entrer et demanda si j'étais venue lui poser des questions sur son premier mariage. Dès que je dis oui, elle commença son histoire d'une voix fatiguée. C'était en 2004.*

Je suis une jumelle. Quand j'avais cinq ans, mon père a fait un voyage au cours duquel un homme s'était montré gentil avec lui. Avant le départ de mon père, son hôte lui dit qu'il avait appris qu'il était le père de deux belles jumelles. Mon père répondit « oui ». Ayant déjà pris des dots pour mes sœurs aînées, mon père demanda à son hôte s'il pouvait accepter d'épouser des filles de cinq ans. Celui-ci accepta, vint au village et remit une somme de 5000 francs à mon père qui fut très impressionné. Pour mon père, il n'était pas question de mettre les filles à l'école, car il n'avait jamais vu une fille assise dans un bureau. Je suis donc allée en mariage à l'âge de 6 ans environ, sans ma sœur jumelle. C'est chez mon mari que j'ai eu « les

[34] Objet de rangement en bois ou en bambou dont les modèles sont variés et dont sont équipées la quasi-totalité des cuisines traditionnelles fang.

choses des femmes »[35], mais je ne savais pas très bien comment le cacher. C'est la femme de son frère qui lui a annoncé la nouvelle. Ensuite, il s'est mis à me persécuter, à m'ennuyer tous les soirs, lorsque nous étions dans la chambre et qu'il avait besoin de moi. Je me débattais. Mais avec sa force d'homme, il réussissait à me plaquer sur le lit. Il faut dire qu'il avait de la chance parce que, à l'époque, les culottes étaient rares.

Il a essayé de me « faire ces choses » à plusieurs reprises, mais il n'y arrivait pas ; j'étais « hermétiquement fermée »[36]. Il était fâché et m'insultait. Ce n'était quand même pas moi qui allais l'empêcher de réussir ce qu'il voulait.

Dans le village de mon mari, il y avait un jeune homme de 20 ans, qui allait à l'école. Il me faisait des gestes discrets et je l'aimais au fond de moi. C'est à lui que j'ai offert mon corps de tout mon cœur. C'est lui qui a été réellement mon premier garçon, car ce que mon mari n'arrivait pas à faire, il l'a fait comme on « enlève les mains devant les yeux ».

Nous allions nous aimer dans la brousse, à la pêche, partout où nous pouvions en faisant tout pour que mon mari ne sache rien. J'ai oublié de signaler que mon mari avait cinq femmes. J'étais la sixième. Il y avait un système de rotation. Nous allions dans sa chambre à tour de rôle. Quand mon tour arriva, son grand frère me dit en me menaçant : « Si tu essaies encore de crier ou de refuser mon frère ce soir, je trouverai des gens pour t'attacher sur le lit et nous verrons tous comment ton mari va coucher avec toi ».

Quand j'ai rejoint mon mari dans sa chambre, je ne lui ai plus résisté, car je craignais que son frère ne mît sa menace à exécution. Je l'ai donc laissé faire. Lorsqu'il s'aperçut que je n'étais plus vierge, il poussa un cri de colère et se mit à me frapper la nuit et très tôt le matin. Ensuite, il m'enferma dans la chambre et m'obligea à dire le nom de celui qui avait osé me

---

[35] Les règles.

[36] Vierge.

toucher. Tant que je me taisais, il me frappait. J'ai pris la fuite au milieu de la nuit pour me réfugier là où mon amant et moi nous nous rencontrions souvent. Nous avons fui tous les deux la nuit et il décida de me laisser chez mes parents, à qui j'ai ensuite expliqué que je voulais épouser mon amant.

Mon père refusa ma proposition parce qu'il estimait que mon mari et mon amant, sans être de la même famille, étaient issus d'un même village et ce type de relation entraîne souvent la haine, la sorcellerie et la mort. J'ai donc quitté mon amant que j'avais réellement aimé. Mon mari n'est plus venu me chercher et j'ai épousé quelqu'un d'autre.

Aujourd'hui, quand je pense à mon passé, je dis que si l'être humain était né adulte, il ne se serait jamais trompé. Quand tu es jeune, tu ne sais rien, on peut te tromper facilement. Pourtant, mon premier vieux mari m'aimait beaucoup. Si j'avais su, je ne serais pas partie de chez lui, je serais restée et peut-être qu'il m'aurait pardonné et qu'il m'aurait gardée. Je ne veux pas dire par là que ce qu'on nous faisait avant était bien. Chaque femme a besoin de choisir son mari. Quand on t'impose le choix de quelqu'un d'autre, ce n'est pas une bonne chose, tu souffres, tu es malheureuse.

CHAPITRE X

Pas mon corps sans amour

L'air fatigué et la démarche nonchalante, la femme âgée de cinquante neuf ans voulait absolument témoigner afin que ses enfants et ses petits-enfants sachent comment on a décidé de son mariage sans la consulter. Elle est venue me trouver vers 7 heures du matin en 2004. Nous nous sommes assises sur un lit en bambou, dans la cuisine de ma mère. Elle toussota, se racla la gorge, leva ensuite les yeux vers moi, et commença.

Mon père n'était pas polygame. Ma mère a eu dix enfants. Elle en a perdu quatre. Nous sommes restés six : quatre filles et deux garçons. Mon père m'avait envoyée à l'école. Mais en même temps, il traitait de mariage avec le père de mon futur mari. Quand je rentrais de l'école et que je passais par le village de ce dernier, il plaisantait avec moi et disait qu'il allait m'épouser. J'avais honte et je m'enfuyais.

Les filles de mon époque étaient différentes des filles de maintenant qui grandissent avec les histoires d'hommes à la bouche. Avant que leurs seins poussent, elles ont déjà des idées sur les hommes.

Pendant les grandes vacances, alors que j'avais 12 ans, on est venu pour m'épouser. C'était un groupe de gens qui m'étaient inconnus. Lorsque je vis qu'il y avait tout ce monde, je me suis enfuie dans la forêt. Mais on a eu vite fait de me rattraper. On ne m'a pas frappée.

Mon père et ma mère se sont mis à m'amadouer, à me conseiller et ont dit : « Va, va, rien ne va t'arriver, le mariage n'est pas la mort, tu vas t'habituer ». Les gens du village de mon mari ont dormi trois jours dans mon village. Après, mes parents m'ont accompagnée. Mais je n'étais pas tranquille, je détestais mon mari et je me promettais de fuir. Le nom de mon mari : Mitarât »[37] prêtait à rire et m'énervait. Quand mes parents sont repartis et m'ont laissée, j'ai pleuré nuit et jour et je me suis enfuie souvent. Mon mari venait me reprendre. A l'âge de la puberté, on m'envoya dans la chambre de cet homme que je détestais, j'ai éclaté en sanglots, car je le haïssais.

Quand le soleil commençait à disparaître à l'horizon, mon cœur battait très fort. Lorsque j'entrais malgré moi dans sa chambre, je dormais avec mes habits et je restais sur le qui-vive.

Un jour, il a tenté de me déshabiller, j'ai crié, j'ai pleuré.

Je me rappelle que je suis sortie de sa chambre à minuit et que j'ai fui vers chez moi.

Mon mari me poursuivait en courant et criait aux personnes qui revenaient de l'abattage d'un éléphant de m'arrêter. Dans ma fuite, les épines m'ont bien labouré le corps.

Les gens qui venaient donc de la brousse m'avaient attrapée et me tenaient vigoureusement.

Ils m'ont ensuite ramenée chez mon mari qui a essayé de me violer à plusieurs reprises mais je me suis défendue. Mon mari était malheureux, il ne me frappait pas et me suppliait. Je ne cédais pas du tout. Un jour, j'ai eu marre et j'ai fui de nouveau, pour toujours.

Pendant que j'étais au village, un jeune homme qui travaillait à Libreville est venu demander ma main. A l'époque, Libreville avait un tel succès qu'on pouvait même accepter d'épouser un borgne, n'importe qui pour y aller. J'ai donc accepté d'épouser ce jeune homme qui m'a finalement fait découvrir Libreville. Les gens me disaient pourtant qu'il n'était

---

[37] En fang, les gémissements.

pas sérieux. Mais je ne voulais pas les écouter parce que je rêvais d'aller à Libreville. Nous n'y sommes pas restés longtemps, je suis tombée enceinte. J'ai eu trois enfants avec lui. Mais il est devenu trop jaloux, trop brutal. Il m'a tellement persécutée que j'ai commencé à regretter « Mitarât ». Mais je ne pouvais plus divorcer parce que j'avais déjà des enfants ; j'étais obligée de supporter.

Aujourd'hui, mon deuxième mari est décédé, tout comme le premier. Je suis restée dans son village avec mes enfants. Mon fils aîné fait le commerce, les deux autres travaillent plus ou moins bien à l'école.

Je dois dire que j'étais petite quand on m'avait mariée. Avec un peu de recul, je crois finalement que c'est « Mitarât » qui était mon vrai mari. J'aurais été plus à l'aise avec lui. Il était évangéliste et s'apprêtait à devenir pasteur mais je ne l'aimais pas malheureusement.

Je dis aux pères et aux mères que la fille doit choisir son mari. Si on décide à sa place, cela peut l'amener à devenir criminelle sans le vouloir. Jusqu'à maintenant, les parents et l'entourage de mon mari m'accusent d'avoir été à l'origine de sa mort, car il n'a pas pu supporter mon mépris et mon rejet et « a invoqué le vampire ». Moi, j'étais petite, je ne l'aimais pas, je ne pouvais qu'obéir à mon cœur.

CHAPITRE XI

Le débroussaillage ou la chicotte

C'était une très belle femme, en dépit des marques du temps qui passe sur son visage. Dans sa jeunesse, elle a dû éblouir plus d'un homme à cause de la finesse de ses traits, de son charme incontestable. Agée de 68 ans et de passage à Libreville en 2004 pour des soins médicaux, elle a accepté de m'accorder un entretien qui eut lieu à mon domicile. Vêtue d'un « kaba » aux couleurs splendides, elle a commencé son histoire d'une voix chevrotante.

La vie des filles de mon époque était marquée par l'autorité et les exigences des parents.

Je crois que c'est cette autorité qui nous a amenées à être des filles obéissantes, correctes. Les femmes n'avaient aucune autorité.

Mais je dois aussi reconnaître que nos parents étaient ignorants parce qu'ils contestaient l'utilité pour une fille d'aller à l'école. A cinq ans, je ne pouvais même plus aller jouer dehors avec les autres, puisque j'étais déjà promise à un homme. Je me souviens que mon père aimait jouer au poker et lorsqu'il perdait au jeu, il cherchait à se procurer de l'argent à tout prix. C'est de cette manière qu'il m'a mariée à un homme de son âge. Mon mari avait 60 ans alors que j'étais âgée de 10 ans. Riche polygame de 17 femmes, mon mari produisait beaucoup de cacao et était propriétaire de plusieurs boutiques. Souvent, lorsque certains pères de famille se trouvaient dans une situation financière difficile, ils allaient lui proposer leurs très jeunes filles en mariage. C'est ainsi que sur 17 femmes, il y avait quatre jeunes filles de moins de 20 ans.

Mon mari, très autoritaire, obligeait toutes ses femmes non seulement à planter le cacao mais à débroussailler ses cacaoyères. Toutes travaillaient de la même manière, les plus âgées comme les plus jeunes. C'est nous qui étions ses voitures, car nous portions des paniers de cacao, de café et toutes sortes de marchandises qu'il fallait vendre au village Biyi. Quand je voulais m'enfuir, mon mari lançait quelqu'un à mes trousses. Envisager la fuite était même une perte de temps, car toute ma famille était favorable à mon mariage.

Certaines de mes coépouses ne mettaient même plus les pieds dans leur village et n'avaient personne à qui se confier. Parfois, quand une femme perdait un parent et qu'elle allait demander l'autorisation à mon mari de se rendre aux obsèques, il lui ordonnait d'attendre qu'il fixât un jour et tenait toujours à l'accompagner.

Il disait que certaines femmes voulaient aller aux obsèques pour se faire voir, se prendre un amant. La femme qui osait partir sans son autorisation courait le risque de se voir infliger une bonne correction. Les femmes les plus courageuses qui fuyaient la tyrannie de mon mari se battaient avec leurs poursuivants.

Mon mari aimait voyager avec ses plus jeunes femmes. Moi, je refusais souvent de l'accompagner et je fuyais. A son retour de voyage, il me frappait.

Quand je suis devenu pubère, j'ai refusé d'aller dormir avec lui ; je le trouvais trop âgé. Blessé dans son orgueil, il m'enfermait dans la chambre et me demandait si je persistais à refuser de l'aimer. Malgré mon refus, il couchait avec moi dans la bagarre et les insultes. Je me sentais fatiguée, humiliée, diminuée. Quand j'essayais de lui résister, il faisait appeler ses neveux qui m'obligeaient à entrer dans la chambre de leur oncle. Si je prenais la liberté de dormir avec un pagne sur moi, mon mari l'arrachait avec brutalité et menaçait de me briser les mâchoires.

Chez lui, tout le monde se couchait à 8 heures. Personne n'avait le droit d'entrer ni de sortir après cette heure-là.

J'ai quand même eu six enfants avec lui. J'en ai perdu trois. Après la mort de mes enfants, on m'a obligée à reconnaître que j'avais eu des relations sexuelles extra-conjugales et qu'elles étaient à l'origine du décès de mes enfants[38]. J'étais traumatisée d'autant plus que je n'avais jamais commis d'adultère.

C'est après avoir perdu mes enfants que j'avais décidé de ne plus aller débroussailler la plantation de cacao de mon mari. Ce dernier ne l'a pas entendu de cette oreille et s'est mis à tonner, à me maltraiter. Il n'a plus voulu subvenir à mes besoins. Comme j'avais appris un peu de couture en cachette, je me suis mise à coudre de petites « choses » que je vendais autour de moi. Avec cet argent, je pouvais m'acheter les produits dont j'avais besoin.

Lorsque mon mari distribuait des tissus à ses autres femmes après la vente du cacao et qu'il faisait exprès de m'en priver, je survivais grâce à la couture. En fin de compte, j'étais allée me plaindre chez le préfet blanc de l'époque, Monsieur Britard. Je lui ai raconté que je n'avais jamais été à l'école parce que mon père m'avait mariée à un homme âgé qui me maltraitait et m'obligeait à aller débroussailler sa cacaoyère. Le préfet se mit en colère et fit renforcer le recensement des jeunes filles dans les villages. Les parents n'osaient plus marier leurs filles en bas âge.

En effet, à partir d'une certaine période, les Blancs avaient été tenus au courant que les filles n'allaient pas à l'école et que leurs parents les mariaient à des vieux. Vers les années 1940, ils commencèrent à recenser les filles dans les villages. S'il manquait une fille à l'appel, ils déduisaient qu'elle avait été mise en mariage et sommaient le père d'aller la chercher. Certains pères, pour éviter les problèmes avec l'administration

[38] Dans la tradition fang, il est interdit à une femme qui allaite d'avoir des relations sexuelles avec son mari. Aller avec un homme autre que son mari pendant l'allaitement est donc considéré comme un crime.

coloniale, faisaient revenir au village leurs filles mariées précocement et les renvoyaient chez leur mari après le recensement. J'avais profité de cette belle occasion pour m'évader. Je suis allée me réfugier chez les missionnaires qui m'ont mise à l'école fang. C'est à l'école fang que j'ai réellement appris la couture qui m'a permis de m'en sortir plus tard quand mon mari refusait de m'offrir ses pagnes.

Mais mon père est revenu me chercher pour me renvoyer chez mon mari. Comme j'étais rebelle, j'ai fui de nouveau. Ma rébellion s'est accentuée quand je me suis rendu compte que mes enfants mouraient bizarrement. Je suis finalement partie de mon foyer.

Mon mari, par l'intermédiaire d'autres personnes, m'a interdit de traverser son village pour me rendre à Bitam. Je choisis donc la nuit pour passer incognito, car je le savais capable de me battre s'il me voyait passer dans sa cour ou même dans la rue.

Avec l'âge, il semblait vouloir mettre fin aux hostilités. Nous étions devenus des amis. Quand il avait un décès, j'allais le soutenir. Lorsque notre fille aînée a commencé à faire des enfants, je suis retournée dans son village. Je ne l'ai plus quitté jusqu'à la fin de ses jours. Aujourd'hui, je suis toujours dans son village malgré tout.

Ce que je dois dire avant de terminer, c'est qu'à mon époque, l'obéissance était une valeur fondamentale. Les pères, ainsi que les frères exerçaient une autorité sans limite sur la fille et l'obligeaient à se marier. Si la mère osait pleurer ou contester, le père se ruait sur elle. La fille n'avait aucun recours lorsque la décision de son père était prise. Même si une femme choisissait son mari, cet homme ne pouvait pas la laisser libre et faisait montre d'une possessivité étouffante.

Mais ce qu'on remarque depuis que le Blanc a proclamé que les filles doivent choisir leur mari, c'est qu'il y a trop de femmes célibataires. Il n'est pas rare de voir dans une famille une situation vraiment comique et bizarre ; la mère est vieille fille, la grand-mère vieille fille, ainsi que la petite-fille.

Or, à l'époque de nos grands-parents, il n' y avait pas le désordre qui existe aujourd'hui.

Avant d'épouser une femme ou un homme, on regardait sa démarche, son comportement, son éducation. De nos jours, tout est de travers. Même si nos parents s'étaient montrés durs et autoritaires, ils permettaient aux filles d'avoir une bonne éducation et les mariages étaient vraiment durables. Aujourd'hui, on ne comprend plus rien, quand on tient compte de ce qui se passe dans les mariages.

CHAPITRE XII

Pas de fournitures scolaires mais le mariage

Cette jeune femme, dotée d'un corps de rêve, avait l'air d'avoir 20 ans. Or, elle avait 51 ans. Avec ses longs cheveux tressés et un teint clair, elle ressemblait plutôt à une citadine qu'à une femme rurale. Son regard résolument triste cachait de nombreuses blessures psychologiques. Pour me relater son histoire, elle était venue dans la cuisine de ma mère et s'était assise à côté de moi sur un lit en bambou. C'était sous une pluie battante, en cette matinée de 2005.

On m'a mariée comme on l'avait fait pour ma grand-mère. Ma tante était en mariage dans un village. Un jour, elle m'invita à aller chez elle pour passer des vacances et avoir quelques fournitures scolaires.

Pendant que je me trouvais là-bas, un homme est venu lui rendre visite et je les ai vus se lever pour parler en aparté. Je ne me doutais absolument de rien et ne me sentais même pas concernée par leur discussion. Après le départ de cet homme, ma tante m'a demandé de l'accompagner en ville, car elle devait faire des achats et rendre visite à une de ses amies. En ville, nous nous sommes plutôt arrêtées chez le monsieur avec qui ma tante avait eu une discussion quelques jours plus tôt.

Cet homme avait fait savoir à ma tante qu'il disposait d'une dot et qu'il proposait de m'épouser pour son jeune beau-frère que je ne connaissais pas. J'avais environ 11 ans et demi. Je me suis mise à pleurer, car j'étais venue chez ma tante pour passer les vacances et obtenir quelques fournitures scolaires et non pas pour me marier. Mais j'étais loin de m'imaginer que cette dernière avait déjà tout ficelé.

C'est ce même soir que mon futur mari, devait arriver de Libreville où il faisait encore ses études. C'était un jeune homme mais bien plus âgé que moi. Quand je le vis arriver, je me suis mise encore à pleurer. Il ne me disait absolument rien, je ne pensais pas encore au mariage. Après les présentations de mon prétendant, ma tante m'envoya au village après m'avoir acheté quelques fournitures pour la forme. Je continuais d'aller à l'école sans savoir que mon frère avait pris la dot chez le père de mon prétendant.

Les grandes vacances suivantes, une foule de gens sont venus demander ma main. Ma grand-mère était opposée à ce mariage mais mon père ne voulait pas l'écouter. Après la remise de la dot et la cérémonie de mariage, on m'a emmenée malgré moi.

Les parents de mon mari étaient heureux et chantaient victoire ainsi que les mérites de mon mari.

Je poussais des cris aigus et je me roulais par terre. Mon mari, qui faisait partie de la délégation, était offusqué de me voir pleurer avec autant de force et pendant si longtemps, il exprima à ses parents le désir de récupérer sa dot pour l'utiliser à d'autres fins. Mais tout le monde l'en dissuada. Il continuait de protester mais ses parents refusèrent de l'écouter et je devins sa femme contre sa volonté et contre la mienne. Il avait environ 25 ans pendant que j'en avais 10. Il se montrait dur et indifférent envers moi et avait l'air de me détester. C'est plutôt mon beau-père qui m'aimait, me réconfortait et me rassurait. Il s'occupait de tout.

J'ai eu mes règles à 13 ans. Lorsque mon mari est venu en vacances, il a eu des relations sexuelles avec moi, comme à l'armée, avec brutalité. J'étais traumatisée. Je suis tombée enceinte presque aussitôt, à l'âge de 13 ans. Ce qui me traumatisait, c'est qu'il était violent. Il ne m'aimait pas du tout et me répudiait tous les jours malgré les interventions sans cesse renouvelées de mon beau-père. Je me sentais malheureuse et je pensais qu'il ne m'aimait pas parce qu'il ne m'avait pas choisie. Il a décidé d'aller épouser sa vraie femme, de chercher son vrai amour, la femme de son choix. Quand il l'a trouvée, il m'a laissé tomber. J'étais devenue à ses yeux comme les asticots des latrines. Quand il apportait du gibier, il n'en donnait qu'à la femme de ses rêves.

J'étais troublée, tourmentée. Pourtant, il avait mis en place un système de rotation.

Lorsqu'il dormait chez moi, il se levait à 4 heures du matin et allait s'asseoir au corps de garde. J'ignore ce qu'il faisait. Mais quand c'était le tour de ma rivale, ils restaient couchés jusqu'à midi.

Je souffrais beaucoup, j'avais honte et je maigrissais. Mes beaux-parents me consolaient et me rappelaient que j'étais le pilier du village, car c'est eux qui m'avaient épousée. Bien plus, j'avais des enfants, je devais supporter. C'est vrai que je supportais toutes ces humiliations à cause de mes jeunes enfants mais je souffrais beaucoup. A un moment donné pourtant, je me suis aperçue que mon mari ne s'entendait plus bien avec sa vraie femme. Le couple se battait tout le temps. Leurs relations étaient plus conflictuelles que les nôtres. C'était étonnant de voir les gens qui disaient s'aimer devenir des ennemis jurés et se battre avec autant de violence.

La cause réelle de leur mésentente était liée au fait que ma rivale exigeait ma répudiation et affirmait qu'elle n'était pas venue épouser mon mari pour être à mon service.

Ils ont fini par se séparer. Mais après leur divorce, mon mari est devenu de plus en plus dur envers moi. Je supportais toutes les humiliations et son agressivité à cause des enfants. Nous en avons sept.

Je me retire souvent en brousse pour pleurer, pour évacuer mes souffrances.

Mais je ne peux pas abandonner mes enfants, mes pauvres enfants. Aujourd'hui mes beaux-parents sont décédés, il n' y a plus personne ni pour donner des conseils à mon mari ni pour le calmer quand il se met en colère. Je suis obligée de subir, d'accepter certaines choses. Mon mari s'est disputé avec sa sœur l'autre jour. Elle lui a rappelé que c'est grâce à elle qu'il était marié avec une femme qui lui faisait autant d'enfants. Mon mari lui a répondu qu'elle pouvait me ramener là où elle était allée me ramasser. Cette parole m'a brisé le cœur et m'a fait taire.

Quand je regarde la vie que j'ai menée et que je continue de mener, je me sens dans l'obligation de supplier les parents de laisser la possibilité à leurs enfants de choisir leur femme ou leur mari. Tout le monde n'a pas un cœur pour supporter les souffrances. Si j'avais un vampire, je serais morte depuis longtemps. Il y a trop de morts-vivants dans les mariages qu'on arrange et qu'on impose.

CHAPITRE XIII

Des inconnus de mauvais augure

Agée de 47 ans, elle paraissait pourtant plus vieille, à cause de son embonpoint. Mais ses dents blanches donnaient de la fraîcheur à son visage bien rond. Quand je suis entrée dans sa cuisine en novembre 2004, la jeune femme faisait des tresses à sa fille de cinq ans assise à même le sol.

J'ai pris place sur un mortier sans me faire prier et mon hôtesse a interrompu son travail pour m'offrir de la banane douce tigrée. Elle retourna ensuite à ses tresses et commença sans hésiter.

Ma tante avait une copine à Libreville qui voulait une femme pour son frère. Ainsi, ma tante lui avait-elle promis qu'elle l'aiderait dans ce sens, car sa famille comptait plusieurs filles. Elle indiqua donc notre village à sa copine qui alla chercher son frère. Ils vinrent au village quelques semaines après. J'avais 10 ans environ à l'époque et j'étais partie à une fête dans un village voisin. Pendant que je m'y trouvais, on est venu me dire qu'un homme et une femme me cherchaient. C'était mon prétendant et sa sœur qui affirmaient que ma mère avait besoin de moi. Mais ne les ayant jamais vus, je me méfiais d'eux.

J'ai entendu l'homme dire à sa sœur que c'est moi qu'il préférait. Or, j'étais la plus jeune de la famille. Je ne savais pas vraiment de quoi il s'agissait et quelles étaient les intentions réelles de ces étrangers. Mais quelque chose me disait que mon père ourdissait un complot contre moi et qu'il avait envoyé ces deux inconnus là où je me trouvais pour être fixé sur leur choix.

Je me suis mise à pleurer. Mon petit frère pleurait de me voir pleurer. Lorsque nous sommes rentrés au village, la sœur de mon prétendant a pris la parole et est allée droit au but : son frère cherchait une femme à épouser. C'est moi qu'on avait choisie alors que je n'étais âgée que de 10 ans.

Mon prétendant qui travaillait à Booué, avait donné son accord sans hésiter. Sa sœur et lui étaient retournés chez eux pour revenir trois semaines plus tard avec la dot. Au cours de la cérémonie, on m'a demandé de remettre la dot à mon père ou à mon prétendant. Comme je suis assez vive, j'ai répondu que je ne remettrais rien à personne et que celui qui avait apporté de l'argent pouvait le reprendre. Mon père s'est mis dans une colère noire. Il a menacé de m'attacher les pieds et les mains et de me donner à son propre frère qui me mettrait sur l'épaule comme un mouton et me conduirait ainsi chez mon mari. Quand mon père s'est rendu compte que je pleurais sans arrêt, il conseilla à mes beaux-parents de partir et promit qu'il resterait à me calmer.

Avant qu'on ne me conduise dans le village de mon mari, mon père m'a formellement interdit de sortir de la maison et m'a gardée comme une prisonnière. Demander à une petite fille de 10 ans de rester enfermée dans la maison est un véritable supplice.

Dans le village voisin, un groupe de danse « Medzang » est venu se produire, je me suis permis d'aller le voir sans l'autorisation de mon père. A mon retour, il a voulu me frapper mais je me suis enfuie. Dans ma fuite, j'ai marché sur des tessons de bouteille et j'ai eu une énorme blessure sous le pied et à l'orteil.

Je saignais abondamment et la blessure était douloureuse. Quatre jours plus tard, mon père a appelé mes beaux-parents pour venir me chercher. Je ne pouvais pas marcher parce que j'avais le pied enflé. Mon propre mari me mit sur son dos. Beaucoup de personnes autour de mon père trouvaient sa façon de faire anormale et le traitaient de tous les noms. Mais il avait déjà empoché la dot et ne semblait pas se soucier du qu'en-dira-t-on et de mon état de santé.

Comme je n'avais que 10 ans et que mon mari était déjà adulte, il décida de me laisser chez ses parents et alla continuer son travail à Booué. Quand ses parents virent que j'avais eu mes règles, ils le tinrent informé. J'avais peur de mon mari, je refusais tout ce qu'il me proposait. C'était le calvaire, la souffrance, des choses que je n'ose pas raconter.

Pendant que je souffrais, mon mari était content. Mais après quelque temps, j'ai commencé à l'aimer même si mes parents m'avaient vendue alors que je n'étais pas prête pour le mariage.

C'est pourquoi je ne veux même pas les voir. Mon mari et moi avions surtout des problèmes quand il fumait et buvait. Il me battait violemment avec ou sans raison. Aujourd'hui nous avons cinq fils. Ce qu'il faut ajouter pour finir, c'est que mon mari a changé depuis qu'il a accepté le Seigneur.

Il ne boit plus, ne fume plus et ne me bat plus. Nous sommes bien avec nos cinq enfants. Il était difficile quand il buvait, de mettre 100 francs de côté pour acheter un morceau de savon aux enfants, tout allait dans la cigarette et l'alcool. A présent, tout va mieux. Je remercie Dieu d'avoir délivré mon mari et de m'avoir délivré de mes mauvaises pensées et de certains mauvais souvenirs.

CHAPITRE XIV

Pieds et mains attachés avant le viol

Bien conservée et dodue, cette femme est venue chez moi en 2005 pour raconter l'histoire qui l'a réduite à zéro et a « anéanti sa vie ». Agée de 56 ans, elle confia qu'elle aurait pu aller loin dans ses études si on ne l'avait pas mariée de force, car elle était une élève douée. La gorge serrée et les yeux rougis, elle renifla et commença d'une voix brisée.

A l'âge de 10 ans, j'ai vu un homme mûr entrer dans la cuisine de ma mère. Cette dernière me demanda de le saluer et me montra le gigot d'antilope que l'homme avait apporté.

Quelque temps après, des femmes de ma famille vinrent voir ma mère. Elles n'arrêtaient pas de dire qu'on commençait à manger du gibier grâce à moi, etc. Mais leurs paroles me laissaient indifférente. Un jour, en allant à la plantation, ma mère m'a donné l'ordre de faire un certain nombre de travaux domestiques. Au lieu de lui obéir, j'ai préféré aller jouer avec les autres.

De retour de la plantation, ma mère s'est fâchée et m'a mis le piment aux yeux. C'est une femme de la famille, qui est venue me chercher pour me nettoyer le visage. J'ignorais qu'elle m'avait déjà choisie pour le fils qu'elle avait eu avant le mariage.

Ce monsieur venait rendre visite à ma mère tous les deux jours. Mon frère aîné avait enlevé (abomo) une jeune femme à quelques kilomètres de chez nous et voulait l'épouser. Mais il ne possédait pas de dot. Les gens du village ont alors convoqué ma mère au corps de garde pour lui dire ceci : « Tu as le couteau, le doigt, les noisettes et la piste qui conduit au noisetier derrière la case, choisis ce que tu veux »[39]. Ma mère a d'abord hésité ; elle a eu envie de pleurer mais elle a été obligée d'accepter que j'abandonne mes études. Je ne savais pas ce qui ce passait, j'avais 11 ans et je devais entrer en sixième.

On a demandé à mon prétendant de verser la dot, ce qu'il fit sans hésiter. Mon frère a ensuite épousé la femme qu'il avait ravie.

Un jour, je dormais avec ma grande sœur, je l'ai vue pleurer pendant la nuit. J'avais beau lui demander ce qui se passait mais elle ne voulait rien me dire. Quand j'allai à la cuisine, ma mère me regarda avec insistance et se mit à pleurer.

Je ne comprenais pas pourquoi tout le monde pleurait. Le soir, j'ai rangé mes affaires pour me rendre à l'école le lendemain. Tout le monde s'est mis au lit. Vers quatre heures du matin, ma grande sœur me réveilla et me laissa entendre que nous devions aller en voyage. Je lui répondis que j'avais école le lendemain et que je ne pouvais pas voyager. Elle a tellement insisté que je me suis exécutée. Quand j'ai voulu faire mon petit bagage, elle me fit comprendre que ma mère s'en était déjà occupée. Je me suis donc mise en route pour ce voyage étrange. Je ne savais pas où nous allions. Nous avons marché toute la nuit. Ma mère s'est arrêtée chez sa sœur pour annoncer notre passage.

Nous sommes arrivés dans le village de mon mari à l'aube. J'entendais les gens de ce village chanter tandis que ma grande sœur continuait de pleurer. J'ai posé la question à ma mère pour savoir pourquoi il y avait tous ces chants et ces cris de joie. Elle me répondit qu'on allait aider une autre de mes grandes sœurs mariée dans ce village depuis un certain temps à préparer les feuilles de manioc pour sa belle-famille. Pourtant, plusieurs personnes étaient venues à notre rencontre et certaines d'entre

---

[39] On demandait à ma mère de me laisser aller en mariage pour que la dot qui viendrait de mon mari permette à mon frère de se marier. La décision revenait à ma mère dont la fille devait se marier pour qu'on mariât le fils.

elles murmuraient : « Ekiée, c'est elle ! Oh ! C'est une jolie fille ! C'est à cet âge-là qu'on doit épouser une fille, comme ça, tu lui apprends la vie toi-même et elle te « remplit » le village ».

Ma sœur n'arrêtait pas de pleurer. On a ensuite aménagé l'espace « bilén » où l'on cache la nouvelle mariée. Mais je n'y suis pas allée : j'étais constamment assise à côté de ma mère.

Ma belle-mère Justine m'avait donné un petit nom : « Mamessemayènè »[40] pour marquer mon arrivée et mon intégration dans la famille. Mais je ne me considérais pas comme une femme mariée. Quand ma grande sœur sortait, je me levais en même temps qu'elle. Je la suivais partout.

Une partie des gens de mon village qui étaient venus m'accompagner prirent congé. Ma mère et ma grande sœur restèrent encore deux jours avec moi.

Mais elles partirent un matin, à 4 heures, pendant que je dormais. A mon réveil, je me suis mise à les chercher partout. Je suis allée voir si leurs paniers se trouvaient à l'endroit habituel mais ils n'y étaient plus. Ma belle-mère me fit savoir que j'étais déjà en mariage. Je me suis mise à pleurer.

J'ai couru comme une folle vers le chemin qui menait chez moi mais on avait demandé aux jeunes gens de m'attraper. J'ai donc passé toute la journée sans manger. Ma belle-mère essaya de me consoler. En dépit de tout ce qu'elle disait, j'allais m'asseoir au corps de garde pendant que les gens se trouvaient aux champs. J'étais à l'affût d'un véhicule qui pouvait me ramener chez moi. Mais je ne voyais passer que des camions qui achetaient le cacao.

En plus, mon mari avait mis en place un groupe de jeunes pour me surveiller. Mais quand j'entendais le bruit d'une voiture, mon idée était de m'enfuir. A un moment donné, j'ai commencé à me décourager sans abandonner l'idée de la fuite.

---

[40] *« Toutes les affaires attendent ».* La nouvelle mariée incarne l'espoir et sera le pilier de la famille, c'est elle qui doit apporter la solution à pas mal de problèmes.

J'ai pensé qu'il fallait faire semblant de m'intégrer. J'ai commencé à me rendre à la plantation avec ma belle-mère et j'ai fait de petits travaux avec elle. Cela rassurait mon mari et l'entourage. Mais ils étaient loin d'imaginer que je jouais la comédie.

Un jour, de retour de la plantation, vers 16 heures, j'avais pris un récipient pour aller puiser de l'eau. Arrivée au marigot, j'ai abandonné le récipient et j'ai couru de toutes mes forces pour rejoindre mon village.

Lorsque j'entendais le vrombissement d'un moteur, je me cachais dans la brousse. J'alternais la marche et la course. Je suis arrivée à Akok chez ma tante maternelle à la nuit tombante. Je me suis cachée derrière la maison. Au lieu de la saluer, j'ai pris la décision de continuer ma route.

J'ai traversé un bois de plus de trois kilomètres la nuit.

Lorsque je suis arrivée chez moi, ma mère ainsi que ma grande sœur se sont mises à pleurer.

Elles m'ont fait le reproche d'avoir pris des risques, car quelque chose de fâcheux aurait pu m'arriver. On m'a ramenée chez mon mari. Mais j'ai renouvelé ma fuite. Je l'ai fait pendant au moins un an mais on me ramenait toujours auprès de mon mari.

Il faut souligner qu'à chaque fois que je m'enfuyais, mon mari, armé d'un fusil de chasse se mettait à mes trousses. Il était si méchant qu'il était capable de me tuer s'il me rattrapait. D'autant plus qu'à la même période, un homme de son village avait assassiné et coupé en morceaux sa femme qui refusait de se donner à lui. Il avait découpé son sexe et l'avait mis dans un sachet en déclarant qu'il tenait entre ses mains, le sexe auquel il n'avait jamais eu accès. J'avais peur qu'il m'arrivât la même chose. J'ai eu mes premières règles chez mon mari pendant toute une semaine. Je ne pouvais rien cacher puisque j'étais surveillée par la femme de son oncle qui me posait de multiples questions.

Avant les règles, je dormais à la cuisine. Quand je les ai eues, ma belle-mère m'a proposé d'aller dormir avec mon mari. Mais je gardais mes habits sur moi et nous nous battions tous les soirs, car il voulait coucher avec moi. Cela a duré cinq bons mois.

Excédé par mon refus constant et catégorique, il en a fait part à son oncle qui est venu me déshabiller. On m'a ensuite attaché les mains et les pieds. L'oncle de mon mari m'a lancé vertement : « On est allé t'épouser pour que tu viennes nous faire des enfants et agrandir ce village. Comment peux-tu refuser tes fesses à ton mari ? ». Après avoir proféré des menaces à mon endroit et s'être assuré que j'étais bien ligotée, il invita ceux qui m'avaient attachée à me laisser seule avec mon mari qui ferma aussitôt la porte et fit ensuite ce qu'il voulait.

Après mon calvaire, je suis allée me plaindre le lendemain matin chez ma grande sœur qui s'est mise à pleurer. Elle est venue trouver mon mari et son oncle pour protester. Ils se sont disputés. Ma sœur m'a emmenée et m'a gardée chez elle pendant une semaine environ pour me donner des conseils. Elle m'a proposé de céder quand mon mari avait besoin de moi pour éviter des problèmes. J'ai essayé de suivre ses conseils mais mon cœur était fermé, triste.

Mon mari était méchant, jaloux, ce que les Fang appellent « Djigne ébeme Nkwègne », le « nez collé au panier », c'est-à-dire un homme extrêmement jaloux qui suit sa femme partout. Par exemple, pendant que j'étais à la plantation avec les autres, il restait caché pour écouter nos conversations.

Le marigot où l'on puisait de l'eau était sa cachette idéale pour m'espionner. Je suis tombée finalement enceinte et je suis venue chez moi pour attendre l'accouchement. J'ai eu un fils.

Quelque temps après, mon mari et ses parents sont venus me chercher comme l'exige la tradition. Un jour, nous nous sommes disputés, parce qu'il avait osé me dire que je ne le quitterais jamais. De plus, il cherchait de nouveau à avoir des relations sexuelles avec moi, je refusais systématiquement. Il se mettait alors dans une grande colère et devenait désagréable, violent.

A une époque, nous allions chercher du chocolat indigène (Ndok) dans la forêt.

Il y en avait beaucoup. Un dimanche matin, accompagnée d'une jeune belle-sœur, je m'étais rendue en brousse pour en ramasser. Mais j'étais loin de me douter que mon mari nous suivait.

J'ai vu sur la piste boueuse les traces de ses pieds plats. Alors que nous nous dirigions vers le village, nous avons entendu un bruit qui nous fit peur. C'était mon mari. Il s'est mis à m'appeler.

Lorsque je me suis retournée, j'ai vu qu'il avait coupé des gaulettes pour me frapper. Il me donna l'ordre de m'arrêter. Je posai vite le panier de « Ndok » par terre et je pris la grosse machette qu'il y avait dans mon panier.

Je la lui brandis et je le menaçai en disant : « Si tu crois que tu peux me tuer et me mettre en morceaux comme Ovele ton frère a fait à sa femme, tu te trompes. Tu ne m'auras pas ».

Il m'a demandé de jeter la machette pour que nous nous battions corps à corps, parce que j'étais une grande gueule. Moi, j'ai rétorqué en lui demandant de jeter ses gaulettes et sa machette.

Il a bondi pour me frapper. Mais je l'ai attrapé par les pieds et je l'ai jeté par terre.

Je me suis assise sur lui en m'agrippant à deux arbustes solides. Je l'ai mordu violemment sur le visage alors qu'il essayait de m'envoyer des coups de poing. Pendant que j'étais assise sur lui, j'ai demandé à la jeune fille qui m'accompagnait d'aller vite appeler mon oncle au village.

Il est arrivé assez rapidement. Alors qu'il venait vers l'endroit où nous étions, je l'entendais interpeller mon mari : « Ne tue pas la pauvre enfant ». Quand je me suis aperçue que mon oncle se trouvait à quelques pas de nous, je me suis relevée et j'ai couru vers lui. Mon mari, en se relevant, a eu l'audace de porter la main sur moi devant mon oncle.

Ce dernier lui flanqua un coup de poing à la figure qui le fit tomber à la renverse. Il avait donc le visage en sang à cause de ma morsure et une grosse bosse due au coup de poing de mon oncle.

Il était pitoyable, mais je me disais au fond de moi, qu'il n'avait eu que ce qu'il méritait.

Trop c'est trop. Au village, il voulut recommencer la bagarre, mais je me suis mise à l'insulter.

Mon oncle l'a mis en garde et lui a promis une nouvelle correction au cas où il oserait encore me frapper. Même le propre oncle de mon mari lui avait dit que c'était bien fait pour lui ; il n'avait pas à me suivre dans la forêt.

Quelque temps après, mon grand frère a perdu son fils. Je suis allée aux obsèques mais je ne suis plus retournée chez mon mari. Ses parents et lui sont venus chercher mon fils alors qu'il n'avait que deux ans. Ils m'ont pris des sous-vêtements et les ont enfouis dans un arbre appelé « Ekekame » pour me maudire. Je n'ai récupéré aucun de mes habits. Ils en ont fait tout ce qu'ils ont voulu pour me démolir. Mais Dieu a eu pitié de moi, j'ai quand même eu un autre fils après mon divorce.

Pour finir, je dois dire que le genre de mariage que je viens de raconter n'est pas du tout bien. Personne d'autre ne doit être responsable des actes de quelqu'un. Chacun doit être responsable de ses actes, de son choix. Envoyer une fille en mariage sans sa volonté est une très mauvaise chose.

Il faut dire néanmoins qu'aujourd'hui, pour qu'une fille trouve un mari, elle doit être digne.

On ne doit pas la voir dans les bars. Quand j'ai grandi, c'est l'éducation que mes parents m'ont donnée. Il faut éviter d'être une fille des rues et des bars, une fille doit être digne, rester chez sa mère, aller à l'église pour être sûre de faire un bon mariage.

CHAPITRE XV

L'adultère ou le divorce

La femme qui vint chez moi en cet après-midi de 2004, pour raconter l'histoire qui a laissé des traces indélébiles dans sa vie, faisait plus vieille que son âge. Agée de 59 ans, elle avait l'air mélancolique et intimidé, et donnait l'impression de ne plus attendre grand-chose de la vie. Je l'ai invitée à s'asseoir en face de moi. Après avoir pris un rafraîchissement, elle commença son récit sans hésitation.

Je me suis mariée à l'âge de douze ans alors que je désirais passer le certificat d'études et l'entrée en sixième. Un jour, je me suis rendue à l'école comme d'habitude. A mon retour, mon père m'annonça qu'on devait m'emmener le lendemain chez mon mari. J'étais surprise par cette décision, car je croyais qu'on n'envoyait en mariage que les filles qui n'étaient pas bonnes à l'école. Moi, je l'étais. Je ne savais pas que mon père avait pris la dot chez un homme du village voisin âgé de cinquante ans environ. Ma mère était contre ce mariage d'autant plus que j'étais sa fille unique. Peu sensible aux protestations de cette dernière et à mes pleurs, mon père fit appeler mon oncle maternel et sa femme ainsi que ses deux frères. Une forte délégation m'accompagna donc chez mon mari.

Là-bas, les femmes ont poussé les cris de joie. Ma mère et moi avons éclaté en sanglots.

Tout le monde a essayé de parler à ma mère, de la rassurer et de me consoler mais je pleurais de plus belle. Après la cérémonie, ma mère resta encore quelque temps avec moi et partit un beau matin sans me dire au revoir. Avant son départ, mon mari lui avait promis de me laisser poursuivre mes études. Mais il ne tint pas sa parole.

Je me disais au fond de moi que je ne passerais pas toute ma vie dans le village de mon mari. Je ferais tout le contraire de ce qu'il demanderait pour l'obliger à me répudier. Mais il était très patient avec moi. Quand il se rendit compte que j'avais déjà mes règles, il m'obligea à dormir avec lui. Moi, je ne voulais pas de ces bêtises-là. Je criais, je me débattais. Quand nous étions dans la chambre, tout le village était au courant parce qu'il me frappait. Parfois, nous nous offrions en spectacle ; je sortais nue de la chambre. Il me poursuivait et essayait de cacher ma nudité avec un vieux drap.

Etant bien plus fort que moi, il réussissait à avoir le dessus et me violait quand il en avait envie.

Je suis tombée enceinte tout de suite, à 14 ans.

Comme mon mari travaillait sur un chantier à Libreville, il m'y avait emmenée. Lorsque nous sommes arrivés à Ndjolé, un jeune gendarme me reconnut pendant qu'il faisait un contrôle de routine. Il était convaincu que j'avais fait une fugue, en dépit de toutes les explications que je lui avais données et que mon mari confirmait. Il décida de me garder chez lui pendant une semaine en attendant de recueillir des renseignements plus précis et plus fiables. On lui confirma quelque temps après que j'étais bel et bien mariée à un homme un peu plus âgé.

Il me laissa donc poursuivre ma route et je rejoignis mon mari où il travaillait.

La première des choses qui m'avait révoltée, c'est que mon mari ne songeait plus à m'inscrire à l'école comme il l'avait promis à mes parents. Il paraît que ses proches le lui avaient déconseillé, car affirmaient-ils, les filles mariées qu'on met à l'école finissent toujours par abandonner leur mari. Donc, il ne devait pas prendre le risque de me pousser à continuer mes études. Il était devenu si jaloux qu'il m'épiait sans arrêt. Jamais un homme n'avait le droit de me saluer, il me soupçonnait avec des jeunes et des adultes. C'était invivable. Il me persécutait tellement que j'en avais marre.

Un jeune Blanc travaillait dans le même chantier que lui et avait remarqué que j'étais jolie alors que mon mari était âgé et me maltraitait. S'étant rendu compte que le Blanc s'intéressait à moi, mon mari était devenu fou. Il brûla tous mes habits après une bagarre.

Voyant que j'étais en danger, le Blanc me proposa de fuir avec lui et de m'emmener en France.

Nous sommes donc partis du chantier mais on nous a rattrapés à Libreville. Peut-être que si ce jeune Blanc m'avait emmenée dans son pays, je ne serais pas la pauvre femme que je suis aujourd'hui. Après cette tentative de fuite avec le jeune Blanc, les relations entre mon mari et moi devinrent plus tendues encore. Nous avions déménagé et nous étions venus habiter à Akébé où j'ai vraiment commencé à le tromper afin de le pousser à me répudier. Je faisais ce que je voulais.

Au lieu de me répudier, il a fait venir deux de mes oncles paternels pour les convaincre de me frapper. Ils m'ont effectivement bien frappée, car disaient-ils, leur fille ne devait pas déshonorer la famille en commettant des adultères dans tout le quartier. Mais pour moi, c'était les adultères ou le divorce. Mon mari aspirait à me garder pour lui tout seul. Et pourquoi donc ?

Mes oncles, après m'avoir bastonnée, m'avaient donné des conseils et disaient que je ne devais pas divorcer parce que j'avais déjà un enfant. Moi je ne l'entendais pas de cette oreille. Je posais des actes de plus en plus osés pour faire enrager mon mari. Il a été affecté à Lastourville quelque temps après. Là-bas, j'ai recommencé ma vie de liberté. J'avais des copains comme je voulais ; je recherchais le divorce mais j'avais la bagarre au quotidien. J'ai même pris des comprimés pour mourir mais j'ai raté mon suicide. Pendant les trois jours que j'ai passés à l'hôpital de Lastourville, mon mari n'est pas venu me rendre visite.

Cela m'a encore énervée. A la sortie de l'hôpital, je suis allée passer deux semaines de convalescence chez un cousin qui travaillait à Lastourville. Il n'a pas arrêté de me donner des conseils lui aussi, mais je me suis enfuie de chez lui pour me rendre à Oyem. Arrivée à Koulamoutou, j'ai rencontré un de mes anciens copains qui m'a dissuadée de voyager seule, car on ne sait jamais ce qui peut arriver. Il m'a donc ramenée à Lastourville où mon mari m'attendait avec un lot d'histoires et de jalousie. Il suffisait que quelqu'un me regardât pour qu'il y eût bagarre. Je me souviens que nous nous étions battus un matin sans trop savoir pourquoi. On se battait souvent pour n'importe quoi.

Comme j'en avais assez de lui et de la violence, je m'étais emparée de son couteau de chasse et je lui avais crié que je voulais en finir avec lui à l'aide de son propre couteau. J'étais décidée à aller en prison mais le propriétaire de la maison qu'on louait et sa femme ont réussi à m'arracher le couteau. Ce qui est regrettable, c'est que toutes ces violences se déroulaient devant notre fille âgée de trois ans environ. J'avais pitié de ma pauvre fille. Mais j'en pouvais plus. Je ne savais plus quoi faire pour me séparer de ce fou violent et jaloux.

Nous sommes allés en vacances à Oyem. J'ai avoué à mon père que je ne voulais plus repartir chez mon mari à cause de la haine et de la violence qu'il y avait en lui et en moi. Mon père a laissé chacun parler et s'est rendu compte que nous étions devenus dangereux l'un pour l'autre. Mon mari a déclaré à mon père que divorcer était devenu une exigence, car si nous repartions ensemble à Lastourville, soit c'est son cercueil, soit c'est le mien qu'on pouvait débarquer à l'aéroport d'Oyem. Finalement, mon mari décida de compter sa dot d'un montant de 260.000 francs et somma mon père de la lui rembourser sur-le-champ. Le pauvre homme n'était pas prêt et ne s'attendait pas à notre divorce. Il demanda à mon mari de lui laisser un peu de temps.

Ce dernier repartit dans une colère effrayante. Je suis restée dans mon village et je suis allée assister une des femmes de mon père à la maternité d'Oyem où elle avait accouché.

Pendant mon absence, mon mari vint enlever notre fille et m'interdit de la voir en l'enfermant dans une chambre quand il apprenait que j'étais dans les parages.

Il racontait à tout le monde que j'étais capable d'empoisonner ma propre fille, c'est pourquoi il la cachait. Lorsqu'il s'est aperçu que l'enfant avait grandi et qu'elle commençait à me réclamer, il l'a envoyée à Libreville pour qu'elle m'oublie. Mais un enfant peut oublier sa mère pendant combien de temps ?

J'ai rencontré un homme que j'ai aimé. C'est lui qui a remboursé les 260.000 francs de mon premier mari. Notre mariage a été scellé quelque temps après.

J'ai eu deux enfants avec lui mais notre union n'a pas tenu non plus et a abouti au divorce.

Ce qui est étrange, c'est que je suis restée plus proche de mon premier mari que du second. Lorsqu'il y a un décès dans ma famille, mon premier mari vient m'assister. Ce qui n'est pas le cas de l'homme que j'avais choisi et aimé. La vie est vraiment bizarre. La fille que j'ai eue avec mon premier mari a déjà trois beaux enfants.

Ce que je dirai pour terminer, c'est que j'ai sûrement raté ma vie parce que mon père m'a mariée à un homme que je ne connaissais pas et que je n'aimais pas. Qu'on laisse chacun choisir son mari ou sa femme ! Cela permettra à chaque partenaire d'assumer son choix plutôt que de subir le choix de quelqu'un d'autre.

CHAPITRE XVI

Mariée dans le ventre

On pouvait être frappé et conquis par le regard vif et alerte de cette femme de 85 ans. En dépit de son âge, son visage n'avait que des ridules et sa peau était encore d'une fermeté étonnante. Seuls les tatouages montraient vraiment qu'elle appartenait à une autre génération. Elle m'avait reçue chez l'un de ses fils en 2004 et paraissait méfiante et froide au premier abord. Je pris place sur un fauteuil confortable tandis qu'elle s'assit à côté de sa fille qui m'avait introduite auprès d'elle. Elle commença son récit non sans hésitation.

Mon mariage a été contracté alors que ma mère m'attendait. C'était un mariage de reconnaissance.

Il a été fait parce que mon père voulait récompenser un homme qui s'était montré disponible, respectueux et gentil à son égard. En effet, mon père avait déjà un certain âge, quand il entreprit d'aller en Guinée Equatoriale pour vendre le cacao. En chemin, il fit la connaissance de celui qui allait devenir mon mari, car il se rendait lui aussi dans ce pays pour les mêmes raisons que mon père. L'homme était un peu plus jeune et plus vigoureux que lui et il marchait vite.

Quand il se rendait compte qu'il avançait trop vite, il tâchait de ralentir son rythme pour l'adapter à celui de mon père. S'il arrivait qu'il le laissât loin derrière, il s'arrêtait pour l'attendre.

Après quelques heures de marche, les deux hommes se sont arrêtés pour souffler un peu.

Le compagnon de route de mon père aperçut un papayer couvert de fruits à quelques mètres du bord de la route et s'empressa d'aller cueillir un fruit mûr. Il revint tout joyeux vers mon père, éplucha la papaye, lui en donna une moitié et garda l'autre moitié.

Lorsqu'ils eurent fini de manger, mon père prit la parole et dit à son compagnon : « Tu es un homme très gentil et respectueux. Depuis que nous cheminons ensemble, tu t'occupes de moi comme si j'étais ton père. Ta gentillesse me touche beaucoup. J'ai laissé ma femme enceinte, si elle accouche d'une fille, elle deviendra ta femme ». Ensuite, ils continuèrent leur route ensemble. Arrivés en Guinée Equatoriale, ils vendirent leurs marchandises et rentrèrent chacun dans son village.

Quelque temps après, ma mère accoucha d'une fille : c'était moi. Quand j'eus cinq mois environ, mon père informa ma mère qu'ils devaient tous les deux se rendre au village de mon futur mari, afin de me présenter à lui et à sa femme. Il faut souligner que l'homme à qui j'étais promise avait déjà deux femmes dont l'une était stérile. Celle qui était stérile souhaitait que son mari épousât une petite fille qui viendrait faire des enfants. Ce genre de choses était possible et courant à mon époque.

Quand mes parents arrivèrent au village de mon futur mari, ils le trouvèrent au corps de garde et s'assirent. Mon père lui expliqua qu'ils étaient venus lui montrer sa femme. L'homme appela son épouse qui n'avait pas d'enfants et lui demanda de me prendre. Elle m'emmena avec elle.

On donna à manger et à boire à mes parents qui prirent congé quelque temps après.

Mon futur mari et sa femme restèrent à se préparer. Quand l'homme tuait un rat-palmiste, il demandait à sa femme de le fumer. Ils en mettaient deux ou trois de côté. Ensuite, sa femme alla chercher un gros cœur de palmier (Essong) et le couple vint rendre visite à ma mère avec un panier plein de vivres.

Après cette première visite, mon mari revint seul soit pour donner le « bââ » (produit avec lequel les femmes qui viennent d'accoucher s'enduisaient le corps) à ma mère, soit pour lui offrir des bracelets en bois pour les pieds et les bras.

Quand un bracelet était trop petit, il le reprenait, allait l'arranger et le rapportait à ma mère.

Après mon sevrage, ma mère tomba gravement malade. Elle fit appeler mon mari et sa femme pour leur demander de venir me chercher. C'est ce qu'ils firent quand j'eus 2 ans et demi environ.

Mon mari donna un « Ekwelé » et quelques pièces. Le mariage fut ensuite conclu et on m'emmena tout de suite. Comme je ne pouvais pas encore marcher à cet âge, on me portait. Ma mère décéda quelque temps après alors qu'elle avait ma sœur cadette.

Je ne l'ai pas vraiment connue. En revanche, je croyais que la femme de mon mari était ma mère. Elle jouait parfaitement ce rôle. Les enfants de mon mari appelaient ce dernier « Esswâ », c'est-à-dire, ton père. Mon aussi, je me suis mise à l'appeler ainsi.

La femme de mon mari me surveillait et scrutait mes seins. Elle voulait s'assurer que mes règles étaient imminentes. Lorsqu'elles arrivèrent, c'est elle qui m'a amadouée, rassurée afin de m'amener à aller dormir avec son mari qui était déjà bien âgé par rapport à moi.

J'ai essayé de résister mais j'ai fini par céder. Je n'avais pas le choix parce que la pression était douce et constante. J'ai eu un premier enfant presque aussitôt, puis un deuxième, un troisième.

Un jour, j'en ai eu marre d'être la femme d'un homme âgé et je me suis enfuie. Je suis partie dans mon village. Quand mon père me vit arriver, il me demanda ce que j'étais venue faire.

Je lui répondis que je m'étais enfuie. Il se mit en colère, s'empara d'un chasse-mouches et me frappa violemment. J'avais des échardes de bambou sur tout le corps.

Mon père m'a ramenée chez mon mari le même jour et m'a formellement interdit de recommencer un tel geste. Plus jamais, je n'ai tenté de m'enfuir du village de mon mari. Mon père, comme beaucoup de parents de mon époque, était très autoritaire et ne tolérait pas du tout la désobéissance. La femme de mon mari m'avait surnommée « Moan kû » (poussin) et exultait de joie quand j'attendais un enfant.

Comme elle était matrone, c'est elle qui s'occupait de mes accouchements. Même quand les Blancs sont venus et qu'on m'a obligée à aller accoucher à l'hôpital, elle m'y accompagnait. Après le sevrage de mes enfants, c'est elle qui les prenait et les élevait au point que mes enfants étaient plus attachés à elle qu'à moi. Quand l'un d'entre eux tombait malade, elle allait chercher les feuilles et toutes sortes de choses pour des cataplasmes ou des décoctions.

J'ai eu 11 enfants ; j'en ai perdu un, il m'en reste 10 dont 6 garçons et 4 filles.

C'est mon mari qui est décédé le premier. Quand la femme de mon mari est morte, ses enfants l'ont enterrée avec tous les honneurs. Lorsque les enfants viennent en vacances et apportent du riz, du poisson salé et de bonnes choses que nous aimons au village, je ne peux m'empêcher de penser à la femme qui les a élevés avec les feuilles de manioc, les « Mikonas Mi Mbong »[41] et qui aurait bien voulu manger toutes les bonnes choses apportées par nos enfants.

Je pense à elle en toutes circonstances, car elle a été pour beaucoup dans mon éducation et dans celle de mes enfants qu'elle aimait comme ses propres enfants.

Souvent, on dit que les femmes qui n'ont pas eu d'enfants sont jalouses et méchantes. La femme de mon mari était une exception. Aucun de mes enfants ne s'est plaint d'avoir été

[41] Sorte de pain de manioc qui existe sous deux formes ; il est jaune quand on y a mis de l'huile de palme. Il est noir quand on l'a coloré avec les épluchures de banane plantain brûlées.

envoûté ni manipulé par ma coépouse. Elle n'était pas une sorcière mais une mère dévouée pour nous tous.

Aujourd'hui, je suis restée dans le village de mon mari. Toutes les femmes de ce village m'appellent « la fille Essangui » pour signifier que je suis le socle de la famille de mon mari. C'est vrai.

Je peux encore aller où ? Mon passé, mes souvenirs, ma vie tout entière se trouvent dans ce village. Ce qu'il faut dire et qu'on ne voit plus trop aujourd'hui, c'est que les femmes d'autrefois supportaient certaines choses et respectaient leurs maris. A mon époque, quand ton mari était fâché et qu'il te menaçait de te frapper, tu fuyais. Aujourd'hui, ce sont les femmes qui attaquent leurs maris les premières. En plus, à notre époque, c'était rare de voir une femme accepter de divorcer quand elle avait des enfants. Son mari pouvait la maltraiter mais elle refusait d'abandonner ses enfants. Actuellement, les femmes divorcent et laissent leurs enfants, qu'ils soient nombreux ou pas.

Quand je vois mes enfants, mes petits-enfants et arrière-petits-enfants, je me rends compte du travail accompli ! Hier, ils se trouvaient ici pour une réunion familiale, mon cœur était rempli de joie et de fierté. Aujourd'hui, on parle de mettre des « capotes » parce qu'il y a le sida.

Mais les femmes ne pourront plus faire d'enfants ? Que va devenir la société de demain ?

CHAPITRE XVII

L'amour, gaulettes sous le lit

Le visage de cette femme était marqué par de nombreuses rides. Son sourire franc atténuait quelque peu la sévérité de ses traits. Un bout de pagne négligemment noué sur la tête, elle me pressa de mettre le magnétophone en marche, car elle devait aller tendre les filets à la rivière avant le crépuscule. Elle s'assit à côté de moi dans la cuisine de ma grand-mère en 2005 et raconta son histoire d'une voix fluette.

Je m'appelle Hélène. Je ne connais pas mon âge exact mais je dois avoir 78 ans. A mon époque, on comptait les lunes. Quand un enfant naissait, on lui donnait un nom. Mais on n'allait pas déclarer sa naissance à la Mairie comme cela se fait maintenant. On m'a inscrite à l'école fang, je devais avoir six ans.

Un jour, un homme nommé Aba'a âgé de 50 ans environ était venu demander ma main.

Mon père me l'avait présenté mais je ne l'aimais pas. J'étais trop jeune. Le voir me faisait pleurer.

Il était reparti chez lui mais il est venu souvent voir mon père avec dans sa gibecière, une gazelle, un porc-épic ou une antilope.

C'était un grand chasseur. Quand je le voyais arriver, je fuyais et je passais la nuit en brousse.

Je ne pouvais pas supporter la présence de cet homme ; il était vieux, laid et sale.

Lorsque je rentrais au village après une nuit blanche en brousse, je refusais de manger le gibier de mon prétendant, car je me disais que manger sa nourriture signifiait accepter de devenir sa femme.

En dépit de mes fugues, Aba'a ne se décourageait pas. Plus je fuyais, plus il était présent chez mes parents. Au bout de quelque temps, il avait réuni la dot composée de quelques tissus et d'argent de Pétain. Il était venu avec ses parents en dépit des protestations de ma mère.

Il m'épousa donc à sept ans. On m'accompagna aussitôt dans son village. Maman refusa de faire partie de la délégation et resta au village.

La mère de mon mari m'avait surnommée « Ndâ Ngoura » (toute la maison). Cela signifie en clair que tous ses espoirs reposaient sur moi. Je dormais avec elle tandis que mon mari passait la nuit avec sa première épouse qui était bien plus âgée que ma mère. Très souvent, je songeais à m'enfuir mais je craignais la réaction de mon père.

A notre époque, les filles étaient soumises à la décision de leur père et ne pouvaient aller se plaindre nulle part.

Quand j'ai eu mes premières règles, j'ai eu du mal à le dissimuler. Il n'y avait pas toutes les choses que vous utilisez aujourd'hui quand vous êtes impures.

Je dormais avec mes habits. Les habits étant tout aussi rares à cette époque, je mettais le « Kaba » de ma belle-mère. C'est quand elle a vu des taches sur sa robe qu'elle a su que j'étais pubère. Heureuse, elle courut annoncer la bonne nouvelle à son fils qui a commencé à jubiler, à me surveiller de très près. Il ne supportait pas de me voir traverser la cour pour aller chercher le mortier ou le pilon chez la voisine. Il n'avait que mon nom dans la bouche : « Hélène, où est partie Hélène ? ».

Ses appels et ses questions continuels m'agaçaient.

Un soir, ma belle-mère me demanda de mettre de l'eau à chauffer pour son fils.

Je le fis sans chercher à comprendre. Quand l'eau fut bien chaude, je la mis dans un seau et je laissai le seau d'eau derrière la maison principale où tout le monde se lavait. Mon mari alla prendre sa douche nocturne habituelle. Au lieu de dormir avec sa première femme, il m'invita à aller passer la nuit avec lui. Je me suis mise à pleurer, à crier. Il n'insista pas. Mais il a renouvelé la demande la nuit suivante. Ma réponse fut toujours « non ».

Le troisième jour, ma belle-mère et ma rivale m'attrapèrent et m'enfermèrent dans la chambre avec lui. Je tremblais comme une feuille.

Heureusement que j'avais pris la précaution de me faire un cache-sexe avec le foulard que je portais. Aba'a ne put rien me faire malgré la volonté et la force qu'il avait manifestées. Je ne voulais pas que ce vieux voie ma nudité et je pleurais rien qu'à penser qu'il pouvait me toucher. Pendant plusieurs nuits, je me débattais.

Malgré sa force, il ne parvenait pas à me maîtriser. Fâché, il me lâchait et se promettait de me punir. Lorsque nous nous rendions à la plantation et que nous étions sans témoin, il tentait de me violer, sans succès. Un jour, je le vis couper une dizaine de gaulettes.

Je croyais qu'il en avait besoin pour tendre des pièges aux oiseaux mais il les avait soigneusement cachées sous son lit. La nuit, quand il voulait me toucher et que je refusais, il me frappait aux hanches, aux fesses avec violence.

J'avais des blessures partout. Quand il voyait que j'étais fatiguée, il montait sur moi et faisait ce qu'il voulait.

Je mettais les mains devant les yeux ou je me bouchais les oreilles. Je ne voulais ni le voir ni l'entendre. C'était pénible et écoeurant. Parfois, il me fermait la bouche avec sa grosse main pour m'empêcher de crier. J'étouffais souvent. Chaque fois qu'il voulait de moi, il me brutalisait et me laissait plein de cicatrices aux fesses.

Lorsque je fuyais chez mes parents, mon père me ramenait chez lui. Ma vie était un calvaire, surtout quand je voyais la nuit tomber et que cet homme montait sur moi. Il faut dire qu'il souhaitait me voir enceinte.

Comme la grossesse tardait à venir, il me persécutait, devenait très violent. J'avais fui à plusieurs reprises mais personne ne pouvait me comprendre pour me sortir de cet enfer.

Excédée, je suis allée chez Zue MBA qui s'occupait des problèmes des femmes. Je lui avais raconté toutes les violences que mon mari me faisait subir. Visiblement touché par mon témoignage et par mon jeune âge, il convoqua mon père et lui donna l'ordre de rembourser la dot à Aba'a avec qui je n'avais pas d'enfants du tout. Je rentrai donc au village avec mon père qui menaçait de me trouver un autre mari capable de rembourser la dot à mon premier mari devenu plus agressif que jamais.

Un homme un peu plus jeune était venu rendre visite à sa sœur mariée à un homme de mon village.

Il me vit et me demanda si je voulais l'épouser.

J'acceptai sans hésiter, car je le préférais à Aba'a. D'autant plus qu'il était un peu plus jeune.

Il vint rembourser la dot d'Aba'a et mes parents ne trouvèrent plus à redire. Mon nouveau mari m'emmena aussitôt dans son village. J'étais heureuse d'avoir quitté Aba'a qui était comme une grosse épine dans mon pied. Je sentais que j'aimais mon deuxième mari et que nous allions nous entendre. Avec lui, nous avons eu deux filles et deux garçons qui ont fait plein d'enfants eux aussi.

Aujourd'hui, j'ai de nombreux petits-enfants et des arrière-petits-enfants. Mon mari est décédé.

Je suis restée dans son village avec la famille que nous avions fondée.

Je dois dire que lorsque je pense à mon premier mariage, je deviens très triste parce que j'ai beaucoup souffert. Il est important d'épouser l'homme ou la femme qu'on aime. On est plus heureux quand on a choisi soi-même son mari ou sa femme. Si ça ne marche pas, on se dit que c'est notre propre choix.

CHAPITRE XVIII

Mon argent, pas un bébé pour épouse

Agée de 64 ans, cette dame avait l'air plus jeune. Retraitée, elle vivait en ville et m'a reçue en 2004 dans sa maison décorée avec beaucoup de goût.

J'ai pris place sur un canapé confortable. Après m'avoir proposé une décoction de citronnelle, elle commença son récit en esquissant un sourire.

Mon père était polygame de quatre femmes. Il avait l'habitude de prendre des dots chez plusieurs prétendants à la fois alors qu'il savait pertinemment qu'il n'avait pas beaucoup de filles.

Tout le monde se plaignait de sa cupidité et de son escroquerie.

Après le décès d'une de mes grandes sœurs, il a proposé au veuf de m'épouser alors que je venais de naître. Offusqué, l'homme a rejeté cette proposition ridicule, car, âgé de plus de cinquante ans, il ne pouvait pas attendre. Il avoua à mon père qu'il serait déjà vieux et fatigué quand j'aurais 15 ans. Il a donc exigé le remboursement immédiat de sa dot. Mon père la lui a remboursée à contrecoeur. Quand j'ai eu deux ans et ma demi-sœur quatre ans, mon père a décidé de nous marier à des hommes du village voisin. En effet, mon père disait toujours : « Qui a déjà vu une femme dans un bureau ? ».

Ma mère m'a raconté qu'un beau matin, mon père et d'autres membres de la famille se sont mis en route pour nous présenter à nos époux. Là-bas, ma demi-sœur qui avait quatre ans s'est mise à jouer avec les enfants de son âge. Moi, j'étais encore au sein. C'est maman et sa coépouse qui avaient plutôt joué les mariées. Quelques jours plus tard, nos époux ont demandé à nos parents de nous ramener au village. Il avait été conclu que nous devions regagner nos foyers conjugaux respectifs quand nous serions un peu plus âgées (entre 8 et 10 ans). A six ans, mon père m'a inscrite à l'école. Je travaillais bien. A dix ans, il m'a mariée à un autre homme, un instituteur qui lui avait remis de l'argent en cachette. C'est en larmes qu'on m'a entraînée chez cet inconnu. Mon père me menaçait de m'attacher au cas où je tenterais de prendre la fuite. Je suis donc restée tranquille. J'avais peur de l'instituteur qui avait quarante-cinq ans environ. Sa mère a commencé à faire pression sur moi pour que j'aille dormir avec lui afin de favoriser la naissance d'une certaine complicité entre nous. J'ai pleuré et j'ai fini par obéir.

La première nuit, j'ai bien dormi même si j'étais sur le qui-vive. Mais la deuxième nuit a été épouvantable. L'instituteur a peloté mes petits seins et a touché mes parties génitales. Il a cherché à me violer. J'ai crié, j'ai pleuré et il m'a lâchée. Le lendemain matin, je me suis enfuie chez une tante, mariée à un homme non loin de là où je me trouvais. Son mari et elle sont venus me chercher et m'ont renvoyée dans mon village. Sans chercher à comprendre, papa m'a remise à l'école.

Je suis passée en classe de CE2 puis en CM1. Mon mari a déposé une plainte contre mon père à la gendarmerie et a exigé que je le rejoigne à son lieu d'affectation. Mais il n'a pas osé avouer aux gendarmes que j'étais mineure.

Les gendarmes ont convoqué mon père qui leur a expliqué que j'étais encore à l'école. Ils lui ont fait le reproche de m'avoir mariée jeune et l'ont quand même obligé à me laisser partir chez mon mari qui lui avait déjà versé la dot. C'est à ce moment là que le directeur de mon école est intervenu en ma faveur. Il a fait savoir aux gendarmes que j'étais une élève pleine d'avenir, et qu'il était hors de question de le gâcher. C'est grâce au directeur que l'instituteur a arrêté de nous importuner.

Je suis donc passée au CM2. J'étais dans la classe du directeur qui avait farouchement défendu ma cause. Mais j'ignorais que mon père lui avait proposé de me prendre pour épouse. Le directeur lui avait même versé une coquette somme en secret. J'ai continué d'aller à l'école sans me douter de quoi que ce soit. Mais j'ai remarqué que le directeur s'intéressait trop à moi. Il m'envoyait souvent au tableau. A la fin des cours, c'est moi qu'il désignait pour porter les cahiers des élèves.

Je l'accompagnais jusqu'à chez lui et je repartais chez moi en courant après avoir déposé le paquet de cahiers sur la table. Il faut dire que le directeur était un homme baraqué, imposant. Rien que son regard te donnait envie de fuir.

Un soir, il m'a demandé de prendre son cartable tandis qu'il portait les cahiers. J'ai obéi comme d'habitude. Sa femme était en voyage avec les enfants. Quand nous sommes arrivés chez lui, j'ai posé le cartable sur la table.

Au moment où je m'apprêtais à partir, il m'a dit : « Où vas-tu ? ». Je lui ai répondu : « Je vais à la maison, monsieur ». Je l'ai vu secouer la tête en signe de désapprobation. Il a fermé la porte du salon à clef. J'ai commencé à trembler de peur. C'est vrai que j'avais déjà eu mes règles deux ou trois fois. Mais le simple fait de penser que j'étais enfermée avec le directeur me terrifiait. Il m'a demandé d'entrer dans sa chambre et m'a violée après m'avoir arraché la petite culotte que je portais. J'avais le sang sur les jambes. Il m'a imposé le silence. J'avais honte en classe. Lui, il se comportait comme si rien ne s'était passé entre nous.

Lors du concours d'entrée en sixième, le directeur s'est rendu en ville. Mon père et ma mère sont venus avec moi soi-disant pour m'assister pendant que je passerais l'examen. Le concours terminé, le directeur nous a invités à passer deux ou trois jours chez son grand frère qui habitait à deux kilomètres de la ville.

Je ne savais pas que mes parents s'étaient mis d'accord pour que les choses se passent ainsi.

Nous avons été bien reçus. On a donné beaucoup de nourriture à mes parents.

Moi, j'étais étrangement triste pendant que tout le monde avait l'air heureux. Ma mère, la mère du directeur et moi avons passé la nuit à la cuisine. J'ai dormi si profondément que j'avais mal à la tête.

Mais à mon réveil, une mauvaise surprise m'attendait : maman était partie, papa aussi.

Ma belle-mère, le sourire en coin, m'a révélé que j'étais désormais la femme du directeur. Je me suis mise à l'insulter, à insulter son fils. Je leur disais qu'ils n'avaient pas honte d'épouser une petite fille de rien du tout. J'ai pleuré pendant des jours et je refusais tout ce qu'on me proposait à manger.

J'ai même essayé de me suicider en buvant un produit destiné à tuer les poux. J'ai eu juste une sale diarrhée. Je voulais pourtant en finir avec ma misérable vie. Le mari de l'une de mes grandes sœurs est venu me voir et m'a invitée discrètement dans la cacaoyère. Il m'a dit d'un ton grave : « Quand tu es venue ici, ton père et le directeur avaient déjà tout décidé. Tu peux pleurer, crier, faire la grève de la faim, tu ne partiras pas d'ici. Le directeur a donné une forte dot à ton père. Tes gesticulations ne serviront à rien ».

Après les révélations de mon beau-frère, je me suis résignée. Le directeur m'emmenait partout où il allait. Mais il ne m'a pas laissé continuer mes études. J'ai eu ma première fille à quinze ans.

Jaloux et violent, il m'a dit qu'il m'interdisait deux choses. D'abord, je ne devais pas commettre d'adultère. Si un homme osait toucher ne fût-ce mon sein, il le saurait tout de suite, même s'il était à 1000 Km de moi, car son cœur se mettrait à battre très fort. Il m'a interdit aussi d'essayer de m'enfuir, car si je tentais quoi que ce soit, les lions, les serpents et tous les animaux agressifs qui le protègent seraient à mes trousses et me feraient la fête. J'étais une gamine ; je croyais tout ce qu'il me disait et je faisais tout ce qu'il me demandait.

Quand un homme voulait regarder ou toucher mes seins, je croisais les bras ou je m'enfuyais.

L'idée de fuir de chez mon mari m'avait complètement quittée. Mon mari me gardait comme une recluse ; je n'avais pas le droit de sortir. Il contrôlait mes allers et venues. C'était pénible.

Quand j'ai eu ma deuxième fille, il a refusé que j'aille passer un petit temps avec ma mère qui habitait à moins de trois cents mètres de là où nous étions. Mon mari était si influent que personne n'osait contester ses décisions. Sous la pression de mon grand frère, il m'a laissé suivre une formation pour être secrétaire dactylo. Le diplôme en poche, j'ai pensé qu'il serait avantageux pour moi de travailler. Mais mon mari s'y est opposé. Je me suis révoltée. Pendant trois mois, il ne lui a pas été possible de me toucher. Je l'ai soumis à un « embargo sexuel ». il était furieux et cherchait la bagarre. Mais c'était le boulot ou rien.

Voyant ma détermination, il s'est incliné et m'a trouvé du travail dans un service qu'il connaissait bien. Il a mandaté des gens pour me surveiller. Quand je sortais du travail, il était posté là et m'attendait. Pas question de traîner ou de discuter avec un collègue. Un dimanche, je me suis habillée pour aller à la messe. Assis à la véranda, mon mari m'a crié : « Tu vas à la messe, qui va me chauffer l'eau pour la douche ? ». Je lui ai donné une réponse qui ne lui a pas plu. Il est venu vers moi comme un éclair et a commencé à me rouer de coups. Je me suis défendue comme j'ai pu.

A un moment donné, il s'est emparé d'une hache pour me couper la tête. J'ai eu la vie sauve grâce à ma fille aînée qui l'a violemment mordu à la main. Cette morsure l'a obligé à lâcher la hache.

J'étais morte de peur. J'ai finalement renoncé à aller à l'église parce que j'avais un œil au beurre noir. Il me soupçonnait avec tout le monde. C'était intenable.

Lorsqu'on n'aime pas un homme, cela le rend furieux et jaloux. D'ailleurs mon mari était dans tous ses états, quand au cours d'une dispute, je lui lançais que je ne l'avais jamais aimé et qu'il m'avait épousée par ruse. Lui, il m'aimait d'un amour épuisant. Souvent, il fermait la porte de sa maison à 19 heures et gardait les clefs. Si par exemple quelqu'un venait me rendre visite et qu'il était l'heure de fermer la porte, il ne se gênait pas de dire au visiteur de se dépêcher, même s'il l'avait trouvé en train de manger. Si une femme venait me rendre visite deux ou trois fois, il la soupçonnait d'être une entremetteuse et la regardait d'un très mauvais œil.

J'étais pire qu'une prisonnière et j'en ai eu assez. Un jour, j'ai eu envie d'aller rendre visite à mon grand frère qui habitait à l'autre bout de la ville. J'ai habillé mes enfants.

Au moment de sortir, il m'a accablé de questions. Je lui ai répondu que j'allais rendre visite à mon frère. Il a ordonné à ses enfants de rebrousser chemin. Les enfants pleuraient. Cela m'a brisé le cœur. Je suis partie toute seule. Révoltée, j'ai décidé ce jour-là de rentrer vers minuit.

J'étais déterminée à le pousser à bout. Je me suis dit : « Advienne que pourra ». Je suis restée un certain temps chez mon frère. C'est d'ailleurs lui qui m'a rappelé qu'il était temps de rentrer.

J'ai pris le taxi et je suis descendue au marché pour manger du poisson braisé. J'ai mis un temps fou à cet endroit. Quand je voyais quelqu'un passer et qui était susceptible de me reconnaître, je baissais la tête.

C'est à minuit que j'ai pris le taxi pour rentrer à la maison. Mon mari n'était pas couché.

Il était assis à la véranda, dans l'obscurité. Il m'a ouvert la porte sans dire un mot et est allé dormir.

Depuis ce jour-là, il est devenu plus souple. J'ai finalement compris que ce sont les femmes elles-mêmes qui donnent certaines mauvaises habitudes à leurs maris. J'ai toujours fait ce qu'il voulait pendant des années sans la moindre contestation.

Avoir eu l'audace de rentrer à une heure indue a changé pas mal de choses.

Puis, j'ai fini par m'habituer à son caractère, par m'attacher à lui. Parfois, quand j'allais me plaindre chez les miens et qu'il était agressé de tous les côtés, je prenais sa défense. Tout le monde criait sur moi et me taxait d'imbécillité. Nous avons eu six enfants. Certes, mon mari était d'une jalousie mortelle et exerçait une autorité tyrannique sur moi. Mais je dois avouer qu'il était un très bon père de famille. Il a élevé ses enfants dans la dignité et la rigueur.

Pour lui, l'école était la voie de la réussite par excellence. Il encourageait donc ses enfants à s'intéresser à leurs études. Il ne leur manquait rien. Il n'oubliait aucun anniversaire.

Ses enfants étaient ses trésors. Il veillait sur eux comme la prunelle de ses yeux.

C'est après sa mort que j'ai compris que son éducation était bonne ; il a inculqué à ses enfants les principes de dignité, d'honneur et d'excellence. Il n'y a pas eu de délinquant parmi ses enfants.

Je regrette beaucoup qu'il soit décédé alors que tous ne travaillaient pas encore.

Il aurait été heureux de voir ce que ses enfants sont devenus. Mais c'est la vie !

CHAPITRE XIX

Que retenir ?

A la lecture de tous ces récits, force est de constater que les narratrices n'ont jamais existé ni par elles-mêmes ni pour elles-mêmes. Leurs témoignages nous aident à mieux comprendre l'abnégation et la soumission de la femme au sein d'une société où elle est dirigée, canalisée, réifiée au nom de la sacro-sainte tradition qui veut qu'un père marie sa fille à qui il veut. Les scènes et les actes de violence physique et psychologique se multiplient et se répètent avant et pendant le mariage de ces jeunes filles au point que tout semble s'opposer à leur bien-être et à leur épanouissement.

Il est vrai qu'on ne peut pas toujours imaginer les blessures psychologiques liées aux violences subies dans l'enfance. Mais une chose demeure certaine, le lecteur est sidéré, voire offusqué par ces unions qui transforment les fillettes en victimes, en objets sexuels, en machines à procréer.

La quasi-totalité de ces femmes ont eu leurs règles après le mariage. En mariant leurs filles au berceau, les pères voulaient-ils préserver leur virginité et les mettre à l'abri du dévergondage ? Même si la conception traditionnelle fang du mariage voulait limiter le dévergondage, sauvegarder l'honneur de la jeune fille, de la famille et visait un édifice familial stable et solide, il n'en demeure pas moins que le mariage forcé asservissait la femme et occasionnait des troubles psychiques profonds dont les parents n'étaient pas du tout conscients.

Soulignons qu'aucun mariage n'a été contracté pour régler un quelconque conflit entre les tribus mais par sympathie pour les gendres ou tout simplement pour des raisons financières. Les jeunes filles ne sont nullement associées à l'échange de la dot et apparaissent comme des marchandises prêtes à être livrées aux maris dès que le moment est jugé opportun par les adultes, en l'occurrence, le père.

En fait, on ne peut manquer de relever la figure récurrente et imposante du père qui décide de tout. Tel le pater familias des Romains, il n'autorise aucune contestation de ses décisions et impose sa volonté à tous. Véritable chef aux pouvoirs et aux prérogatives incommensurables, c'est le père qui arrache sa fille de l'école ou hésite à l'y envoyer parce que l'école est perçue comme un phénomène nouveau susceptible de modifier les mentalités des filles en les rendant récalcitrantes.

Dans tous les récits, c'est le père qui donne l'exemple de l'escalade terrifiante de violence à laquelle on assiste. Le flot de paroles et de mots cinglants, les menaces, la sécheresse de cœur caractérisent la figure et la personnalité paternelles. Castrateur et dominateur, il ne reconnaît à sa fille et à sa femme que le droit de se taire et d'accepter sa volonté. C'est pourquoi par sa seule décision, la fillette est privée d'enfance, de scolarité.

Celle qui avait la chance d'être scolarisée était retirée de l'école pour lui montrer que la vraie place de la femme est le mariage et non l'école.

Les expressions et vocables : « je suis tombée évanouie », « coups de bâton », « chicotte », « battre », « pleurs », « cris », etc. révèlent que la jeune fille est la victime privilégiée des pères et des maris dont les volontés doivent être des ordres. Dans cet univers marqué par la coercition, naître fille, c'est avoir les yeux rougis par les larmes, non de tendresse, mais d'impuissance et d'horreur ; c'est voir sa vie mutilée de tous les rêves, de tous les désirs, c'est être dans l'impossibilité de dire « oui » à la vie en choisissant son mari. Chez les narratrices, le départ en mariage est un arrachement, une épreuve douloureuse.

Non seulement, il s'agit de la douleur provoquée par la séparation avec les êtres chers, mais encore, celle des heures de marche à travers les sentiers sinueux et escarpés.

Mais le plus grand choc pour les jeunes filles semble la différence d'âge avec leurs maris et la brutalité dont ces derniers font montre à tous les niveaux. Le devoir des jeunes filles est un devoir de subordination et d'exécution des ordres. Aussi, offrent-elles l'image des agneaux qu'on conduit à l'abattoir.

On retiendra d'ailleurs que la plupart sont épiées dans leur intimité par les proches de leurs maris afin de découvrir leur puberté qui indique que la consommation du mariage peut avoir lieu.

Celle-ci ne s'accomplit presque jamais librement et tendrement mais dans les cris et les pleurs. Souvent, le mari présente l'image d'un prédateur, d'un pédophile qui se rue sur une gamine qui pourrait être sa fille voire sa petite-fille. Point n'est besoin de souligner que pour le mari âgé, la vocation de l'acte sexuel est la procréation. Animé par une soif inextinguible de paternité et un impérialisme sexuel effréné, le mari impose sa loi en usant de différents moyens de pression : tentatives de viols, coups, réclusion, etc. Or, nul n'ignore que la première relation sexuelle est déterminante et conditionne toute une vie. Qu'on imagine un instant l'état psychologique de toutes ces jeunes filles qui sont astreintes aux assauts de leur mari âgé et dont la charge amoureuse est inexistante, réprimée !

La seule qui a pu faire échouer le besoin d'assouvissement sexuel et de paternité de son mari est celle qui a épousé deux fois le même homme. Mais toutes n'ont presque jamais connu la joie de se donner à un homme qu'elles aiment. Elles semblent plutôt avoir bu la coupe jusqu'à la lie en subissant non seulement la violence de la défloration mais aussi la brutalité des hommes qu'elles n'ont ni choisis ni aimés. Frustrées et traumatisées, certaines d'entre elles s'échappent de l'enfer conjugal pour sauver leur peau tandis que d'autres se taisent et souffrent en silence. Sans espoir d'un amour meilleur, le cœur rempli de fiel et de désespoir, elles sont dans une solitude tragique.

Un autre aspect est récurrent dans les récits, les fillettes sont des recluses et vivent coupées du monde extérieur, dans un espace balisé, codifié. C'est pourquoi certains maris choisissent de passer des semaines voire des mois dans les campements et y emmènent leurs « tendrons » de peur de les voir devenir le point de mire d'autres hommes. Extrêmement soupçonneux et jaloux, ils surveillent leurs épouses sans arrêt et empoisonnent leur frêle existence. Souvent livrées à elles-mêmes, elles ne trouvent pratiquement pas de soutien.

Leurs mères sont, elles aussi, obligées de se conformer aux exigences du père. La mère qui a eu le courage de protester contre les sévices infligés à sa fille est celle dont la fille a été mariée pour un gigot. On s'aperçoit même que la communauté villageoise ou certains membres de la famille n'interviennent que si la maltraitance de la jeune fille est apparente et met sa vie en danger. C'est seulement quand les filles sont un peu plus âgées qu'elles peuvent se révolter et s'arranger pour que leur cas soit porté devant les tribunaux mais avec le risque de ne pas être entendues, car ce sont des hommes ou des proches du mari qui jugent l'affaire. Le plus souvent, elles ne peuvent qu'accepter leur triste sort. Pourtant, derrière cette résignation et cette soumission, se cachent des femmes dont la vie n'est qu'un amas de ruines et de traumatismes.

Privées d'une sexualité librement consentie et fondée sur l'amour, elles ont des grossesses précoces et rapprochées, car le prestige d'un homme et la féminité d'une femme se mesurent au nombre d'enfants que le couple a. On observe d'ailleurs que la procréation est la raison fondamentale qui oblige les hommes d'un certain âge à se marier à de très jeunes filles.

En outre, il apparaît que certaines femmes dont la vie conjugale est marquée par la brutalité et le manque d'amour, vont ailleurs pour rechercher un peu de douceur, de jeunesse, de joie de vivre et font même des enfants avec d'autres hommes.

On peut donc affirmer que les mariages tissés sans le consentement de la femme ne sont pas heureux et favorisent des comportements qui n'honorent pas du tout la femme.

Ce qu'il faut souligner pourtant, c'est qu'en dépit de vies sacrifiées et brisées de ces femmes, elles sont poussées vers l'avenir par un élan étonnant d'optimisme, un sentiment d'espoir et même d'espérance. La noblesse et la majesté de ces femmes résident dans leur esprit d'abnégation et leur magnanimité. Celle qui a été mariée pour un gigot va même jusqu'à reconnaître et à valoriser les qualités de père de son défunt mari. En effet, les femmes d'hier avaient une patience à toute épreuve et une fibre maternelle hors du commun. Sans enfance ni jeunesse et victimes de toutes sortes de brimades dans leur ménage, elles sont tout de même restées mariées pour leurs enfants.

Le désir de revanche sur leur analphabétisme et leur vie de misère s'exerce surtout à travers leurs filles qu'elles incitent à travailler sans relâche pour réussir leurs études.

Certaines femmes ont pu même obtenir du mari qu'il laisse leurs filles choisir librement leur époux.

Par ailleurs, on peut supposer que la longanimité de ces jeunes femmes mariées dans la contrainte a contribué à la réussite sociale de leurs enfants. Que seraient-ils devenus si leurs mères avaient pris la résolution de les abandonner ? Toutes ont sûrement pensé comme la femme dont les enfants sont sa raison de vivre que « le bonheur se cache derrière la souffrance » et que les « grands tourments cachent de grands espoirs ». En fait, même si le mariage d'un homme avec une enfant semble plus solide et est une démarche tolérée dans la société traditionnelle fang, il n'en demeure pas moins qu'il conduit inévitablement à la violence physique et psychologique.

Il est à noter tout de même que c'est la colonisation qui a dû susciter et amplifier la déviation sordide du mariage dans les sociétés africaines en général. Avide de posséder de l'argent et des biens matériels, certains pères de famille n'ont pas hésité à livrer leurs filles à des gens âgés. Quand la dot était composée de produits locaux, on a des raisons de penser que les mariages ne se passaient pas avec autant de violence.

Aujourd'hui, les mentalités ont beaucoup évolué. En dépit de quelques cas isolés de mariage forcé, on constate que la quasi-totalité des parents lettrés ou pas envoient leurs filles à l'école et les encouragent à aller le plus loin que possible. Il arrive même que certaines filles, malgré les protestations de leurs parents, abandonnent leurs études pour épouser ou vivre en concubinage avec l'homme de leur choix. Le désir de liberté et d'indépendance est devenu si profond chez les jeunes en général et les jeunes filles en particulier que l'opinion des parents est de moins en moins prise en compte. L.P Aujoulat a bien vu le spectacle de la désagrégation de la structure familiale africaine inhérente à l'évolution sociale et au heurt des cultures et affirme : « S'il est vrai que l'émancipation de la femme ait donné lieu à une élévation de sa condition, par contre, elle l'a payée de transformations moins heureuses qui ont rendu les foyers plus fragiles (...).

Dès l'instant où deux civilisations s'entrechoquent, il est normal que la cellule sociale par excellence se trouve écartelée ou écrasée. La famille africaine n'est plus aujourd'hui ce qu'elle était hier. Qui oserait dire qu'elle va trouver un jour son équilibre ? »

CHAPITRE XX

Le discours des adultes et des jeunes

LES ADULTES

D'une manière générale, les adultes issus du milieu rural et ceux qui ont reçu une formation scolaire ont un point commun : la nostalgie et la légitimation du mariage traditionnel qui obéissait à des critères bien précis et était plus solide et plus durable que le mariage moderne. Les adultes sont convaincus que le rejet au nom du modernisme et de la liberté, des règles séculaires qui régissaient le mariage, l'a fragilisé, dénaturé.

Gabriel EDZO'O (Fonctionnaire)

« Je n'aime pas l'expression mariage forcé, car on considère ce type de mariage à l'époque de nos parents comme une pratique tout à fait normale. C'est à l'arrivée des missionnaires que cette pratique a commencé à choquer. Mais elle appartient aux us et coutumes en vigueur à cette époque. Ceux qui ont écrit sur les sévices faits aux femmes ont jugé les coutumes africaines selon leur conception du monde, de la vie. C'est vrai qu'il y avait des sévices, mais la fille n'était pas considérée comme une bête pour autant. Il faut situer les choses dans leur contexte. Les parents pensaient qu'ils agissaient pour le bien de leurs enfants. A l'époque, ils ne voulaient pas que leur fille soit une « demoiselle », une célibataire, cela n'était pas bien vu.

De plus, si elle avait un ou deux enfants avant de se marier, c'était un déshonneur. Le mariage ou la promesse de marier des filles avant la naissance faisaient aussi partie de nos us et coutumes. Avant, il y avait des pactes, des alliances et parfois des guerres entre les tribus. Beaucoup de mariages étaient tissés pour renforcer les alliances et pour régler les conflits. Si l'on voit nos coutumes avec les yeux modernes, on passe à côté de la réalité. C'est exactement comme l'esclavagisme que les Blancs ont jugé normal à une époque bien précise ou encore l'attitude des missionnaires qui frappaient ceux qui ne voulaient pas adhérer à leur religion. Même chez les Blancs, certains rois contractaient des mariages pour régler les conflits.

Il faut éviter l'intolérance qui a poussé certains à imposer leurs pratiques et leur mode de vie à d'autres. Si beaucoup de parents ont rejeté l'école, c'est parce qu'ils n'ont pas tout de suite compris son intérêt, ses objectifs. Ils ont compris l'importance de l'école plus tard. Il leur fallait du temps.

Je constate et je déplore le manque de discipline, l'anarchie qu'il y a aujourd'hui.

Les gens déploient tout le faste et dépensent des sommes d'argent astronomiques pour se marier mais ces mariages se brisent au bout d'un moment. Pourtant, ces gens se sont mariés sur la base de l'amour.

Cependant, je ne maintiendrai pas le choix du mari par les parents. Je suis seulement pour qu'on sauvegarde toutes les procédures, toutes les coutumes liées au mariage et dont les parents sont les garants. C'est fondamental ».

Florence OYE (Fonctionnaire)

« L'organisation sociale assurait la pérennité de ce type de mariage. On voulait surtout éviter, limiter le vagabondage sexuel, la dépravation des mœurs. C'est pour épargner à leur fille l'appellation péjorative de « Essila » qui équivaut à célibataire endurcie, à vieille demoiselle et pour préserver les valeurs sociales que les parents mariaient leurs filles jeunes et vierges.

Cette forme de mariage était mal ressentie par la jeune fille, car ce n'est que dans le mariage qu'elle apprenait un certain nombre de valeurs et de pratiques. Ce qui doit être souligné et qui est remarquable, c'est que la société traditionnelle n'admettait pas le divorce en dehors des cas très graves. L'amour n'était pas le fondement du mariage traditionnel. Il venait après mais il était solide. Les époux cheminaient ensemble quels que soient les problèmes. Tout était mis en place pour favoriser les bons rapports entre l'homme et sa jeune épouse. La société était là pour colmater les brèches et il y avait un encadrement de la famille.

Concernant l'école, son introduction n'a pas été précédée de sensibilisation. On n'avait pas expliqué aux populations locales ce qu'elles pouvaient gagner en scolarisant leurs filles.

Le Blanc s'est arrangé pour que certaines de nos valeurs soient détruites. Il a brandi l'amour réciproque comme le socle du mariage.

Mais on voit le mariage aujourd'hui comme un drame à cause du choc des cultures et des problèmes inhérents aux biens matériels. Le mariage durable n'est plus la finalité. Il y a trop de calculs : chacun se ménage à l'avance une porte de sortie.

Pendant des années de mariage, certaines femmes construisent et préparent leur départ en ouvrant un compte bancaire secret. En cas de divorce, elles ne se retrouvent pas dans la rue.

L'amour aujourd'hui est devenu léger, conditionné, il suffit d'un petit problème pour qu'il y ait rupture. On ne pense plus à l'équilibre social et moral des enfants.

L'appât du gain, le mercantilisme ont tout transformé, tout détruit au point qu'on peut être inquiet au sujet de l'avenir du mariage dans nos sociétés modernes ».

Rocky NKOGUE NGUEMA (Juriste)

« Dans les sociétés africaines précoloniales, les exigences des parents avant de marier leur fille étaient conformes à l'éthique de ces sociétés. Il en va ainsi du choix du futur conjoint de la jeune fille par le père ou la mère, voire par le cercle familial. Cela s'expliquait par le simple fait que pour les « anciens », le père et la mère étaient les représentants de Dieu sur terre et dans la famille.

Aller contre leur volonté était synonyme de malédiction. Il fallait obtenir la bénédiction parentale pour que le mariage se déroule dans de bonnes conditions et qu'il soit enregistré au plus profond des arcanes divins.

Soulignons que le droit français définit le mariage comme étant un acte solennel par lequel un homme et une femme établissent entre eux une union dont les conditions, les effets et la dissolution sont régis par les dispositions juridiques en vigueur dans leur pays (France, par le Code civil), par les lois religieuses ou par la coutume.

La lecture de deux articles du Code civil français inspire quelques observations. La première concerne l'âge des futurs conjoints. Le législateur français a d'abord cherché à protéger l'enfance, c'est-à-dire les mineurs dont le consentement peut être vicié à tout moment par un quelconque événement extérieur (pression d'un tiers, maître-chanteur, etc.).

La deuxième observation concerne le recours à l'avis des parents, car ils sont les seuls à assurer la sécurité des enfants mineurs. Sur ces deux points le Code civil français rejoint une pratique socio coutumière propre aux populations fang du Gabon : la protection des mineures.

La différence entre le droit français et la coutume fang sur ce point réside essentiellement dans le fait que le choix du futur conjoint peut être l'affaire non de la jeune fille mais uniquement des parents. Dans le silence de la loi française, on est en droit de se demander si les parents français n'interviennent pas de temps en temps dans le choix du futur conjoint ou de la future conjointe de leurs enfants.

Quelques séquences cinématographiques laissent penser que beaucoup de parents, en France et dans de nombreux pays européens, voire occidentaux, influencent les choix de leurs enfants quel que soit l'âge de ces derniers.

Si les enquêtes de bonne moralité sont fréquemment diligentées par les parents, c'est dans le seul but d'éviter d'arriver à des situations dramatiques liées à des unions contractées après les coups de foudre.

En définitive, il est temps que les peuples d'Afrique, notamment les Fang du Gabon, résistent à la tendance au mimétisme.

L'attitude qui consiste à vouloir se débarrasser des pratiques, des habitudes, des philosophies que les peuples d'Occident leur envient, a un risque : la perte de la mémoire des peuples négro-africains dont seul le Mvet retrace encore aujourd'hui l'épopée des Ntumu du Woleu-Ntem.

L'Afrique doit-elle perdre toutes ses richesses parce l'Occident l'exige ou parce que les enfants d'Afrique veulent ressembler à ceux du vieux continent ?

Introduisons dans nos foyers ce que les autres ont de plus authentiques chez eux, ce que leurs ancêtres leur ont légué et qu'ils gardent jalousement. A condition que ces produits et ces valeurs d'importation ne viennent pas nous déraciner et nous transformer en réceptacle de tous les maux.

Ce n'est pas le mariage décidé unilatéralement par les parents qui retarde le Gabon mais la mauvaise utilisation que l'on fait des produits de nos importations, des eurodollars. Seuls sont à importer en priorité aujourd'hui, les principes nécessaires à notre bien-être mental et physique ».

Albert NGOU OVONO (Fonctionnaire)

« Le mariage d'hier obéissait à une logique louable. Les familles des deux conjoints devaient bien se connaître. Le comportement honorable du gendre était un déclic pour attirer la sympathie et l'estime de sa belle-famille.

C'est pourquoi le mot divorce ne pouvait pas être évoqué. En fait, dans le passé, les couples étaient heureux et tiraient leur force et leur joie de vivre dans leur progéniture. La vue de leurs enfants mettait fin à bien des tourments et permettait un avenir meilleur et radieux. Certes, à travers le mariage d'autrefois, les jeunes filles ont subi des sévices et des grossesses non désirées, mais ce mariage a donné un certain prestige à leurs parents et les a valorisés.

Je dois dire que la femme d'hier a été très humble et savoure aujourd'hui les fruits de son humilité, de sa résignation. On la voit heureuse, entourée de ses enfants et petits-enfants, tous issus d'un mariage non voulu.

En effet, en dépit du caractère parfois contraignant du mariage traditionnel, on peut affirmer qu'il a tout de même préservé l'homme fang (jeune homme et jeune femme) des maladies honteuses qui sont arrivées avec la civilisation, l'argent. Je préfère mille fois un mariage arrangé qui repose sur des valeurs sûres et permet aux parents de prendre tous les renseignements possibles sur la famille qui accueille leur fils ou leur fille (cette famille a-t-elle des tabous, des reliques ? pratique-t-elle la sorcellerie ? et peut-elle être un facteur de déperdition, de déchéance pour leur enfant ?).

Aujourd'hui, la recherche effrénée de l'argent et des biens matériels a détruit le mariage.

Tout le monde se sent égal à tout le monde. L'argent est devenu le maître-mot dans les rapports entre les hommes et les femmes au détriment de l'amour véritable, des valeurs morales.

En outre, si les jeunes sont de plus en plus libres de choisir leur époux ou leur épouse, il n'en demeure pas moins qu'on assiste à un taux élevé de divorces entre jeunes. Or, un mariage est fait pour durer, pour avoir des enfants et les voir grandir. Ainsi, les enfants s'inspireraient-ils de l'exemple positif des parents. Mais on voit des jeunes divorcer pour un dentifrice mal rangé. D'autres se disputent parce qu'ils n'arrivent pas à se mettre d'accord sur la chaîne de télévision à regarder, etc.

Pourtant, dans le passé, le divorce était rare et mal vu. Même lorsqu'un couple n'avait pas d'enfants, la femme préférait négocier avec une famille afin que son mari épouse une jeune fille qui viendrait faire des enfants. L'homme de son côté, acceptait de partager au vu et au su de tout le monde sa jeune femme avec un homme plus jeune, plus viril. Qui peut encore accepter ce type de sacrifice et faire preuve d'autant d'abnégation de nos jours ?

La grande question que chaque parent doit se poser à l'heure où le monde est secouée par toutes sortes de fléaux, c'est de savoir s'il faut laisser son enfant choisir librement son conjoint ou sa conjointe. Le fait d'ignorer tout ou presque de la belle-famille de son fils ou de sa fille ne constitue-t-il pas un handicap, voire un danger ? Devrait-on négocier entre les familles comme au bon vieux temps, sans l'avis des enfants ? Ou alors, doit-on d'abord laisser les enfants s'observer, s'apprécier pendant un temps avant de s'engager définitivement dans le mariage ?

En effet, dans une société où la vertu a cédé la place au vice, à l'immoralité, à la perte des valeurs morales en un mot, il faut être réaliste. Que l'on soit traditionaliste ou moderniste, il est nécessaire d'être prudent. Mieux vaut voir sa fille dans un bonheur réel que de la voir couverte d'or alors qu'elle dort avec un homme qui se transforme en boa et réussit à cause de la sorcellerie et d'autres pratiques occultes. Mieux vaut que ton enfant arpente les échelons de la vie avec peine, que de le voir un jour dans la gloire après avoir vendu son âme et bradé sa personnalité.

L'idéal serait vraiment que les familles se connaissent, s'apprécient, se recommandent et que leurs enfants utilisent ces rapports pour tisser des liens de mariage.

Pour mon honneur, je n'accepterai jamais que ma fille épouse le fils d'un homme dont on sait qu'il possède des ossements humains ou qui fait figure de proue dans des sectes occultes. Tout comme il serait impossible que mon fils noue un lien de mariage dans une famille réputée friande d'occultisme, en dépit de la fortune dont elle peut disposer.

Le bonheur étant la chose la mieux recherchée dans un mariage, il serait souhaitable que le bonheur des enfants soit partagé par leurs parents et que les enfants associent pleinement leurs parents dans les projets de mariage avant de s'engager. Le temps vient où ne se marieront que les enfants dont les familles se connaissent bien et s'apprécient. Les gens qui se connaissent vont encore, comme au bon vieux temps, arranger les mariages pour leurs enfants. Ainsi, une fille du Nord sera-t-elle recommandée à un jeune homme d'une autre province à cause des liens qui unissent les deux familles, et vice versa. Les fils et les filles issus de certaines familles aisées risquent d'avoir des problèmes je le pressens, à cause de la réputation sulfureuse de ces familles ».

Claire OYE OBOUNOU (Cultivatrice, village Meyo-Eba)

« Autrefois, quand les hommes du même âge se connaissaient et s'entendaient bien, ils décidaient de consolider leur amitié en mariant leurs enfants. Celui qui avait un fils offrait des cadeaux à son ami pour demander la main de sa fille.

Le père de la fille de son côté, expliquait à cette dernière qu'elle épouserait le fils de son meilleur ami. C'est ainsi que les enfants grandissaient ensemble et apprenaient à se connaître. Avant d'emmener la fille, le père du garçon versait d'abord la dot comme le voulait la tradition. Ce type de mariage était solide, car les parents des époux se connaissaient et s'aimaient.

Quand un petit problème surgissait au sein du couple, le père du garçon faisait tout pour le résoudre, sans parti pris.

S'il se rendait compte que son fils était à l'origine du conflit, il le réglait immédiatement.

Il agissait de la même manière à l'égard de sa bru quand elle se comportait mal. Dans ce genre de mariage, les personnes extérieures n'étaient jamais au courant de ce qui se passait au sein du couple. Le mari et la femme étaient comme frère et sœur. Ils restaient unis jusqu'à ce qu'ils aient des arrière-petits-enfants, jusqu'à la mort.

C'est ce genre de mariage qui réussissait et non celui qui poussait certains parents à attacher leur fille pour la marier contre sa volonté. Ce type de mariage se faisait surtout quand dans un village, un vieux n'avait pas d'enfants. Il cherchait alors à épouser une petite fille qu'on emmenait comme une prisonnière.

Aujourd'hui, nous assistons à de nouveaux mariages. Par exemple, une fille rencontre un homme à Libreville et envoie la nouvelle à ses parents au village. Quelques mois après, elle se marie avec cet homme. Après un temps, elle écrit à ses parents pour leur annoncer qu'elle a divorcé.

Je ne comprends plus les mariages de maintenant qui durent un an ou deux, tout au plus.

Ce qui me surprend encore plus, c'est lorsqu'une fille va dans une famille qui ne connaît pas ses parents et qui ne parle pas la même langue que ces derniers. Cela pose un véritable problème. Quand les gens parlent autour d'elle, elle va croire qu'on la critique. Il y a même certains hommes qui vivent depuis plusieurs années avec des filles dont ils n'ont jamais vu les parents.

Pourtant, ils présentent ces filles comme leurs femmes, alors qu'ils n'ont jamais donné cinq francs aux beaux-parents.

Les mariages aujourd'hui sont si bizarres qu'ils n'ont rien à voir avec ce qui se passait autrefois ».

ELLA MEGNE (Cultivateur, village Messa)

« Autrefois, dans des villages, les gens s'observaient beaucoup. Quand un homme remarquait que les membres d'une famille du village voisin avaient des qualités, des valeurs et que le chef de cette famille éduquait bien ses enfants, il prenait l'initiative de tisser une alliance avec le père de famille. Les parents avaient plus d'expérience que leurs enfants. C'est pourquoi ils devaient choisir les épouses et les époux de ces derniers.

Par exemple, nos parents disaient qu'il ne fallait pas épouser une « Essila » (une femme mûre, une célibataire endurcie), car « Essila dâ silane dzâ » (une femme mûre fait régresser, sombrer un village). Les hommes devaient plutôt choisir une « Evôm » (fille pubère et vierge) parce que la vierge agrandit le village, le fait prospérer (Evôm dâ vumane dzâ).

Les femmes ne choisissaient donc pas leur mari. S'il arrivait que le choix du père fût le même que celui de la fille ou même du fils, c'était une bonne chose. Les mariages marchaient mieux dans le passé à cause de l'estime et l'amour qui liaient les parents et qui se répercutaient sur les futurs époux. Le prétendant allait se présenter chez les beaux-parents et leur apportait un rat-palmiste : il ne devait pas être un inconnu pour le clan le jour du mariage.

Ce contact était très important dans notre société. Nos parents souhaitaient que les familles dont les membres se mariaient, se connaissent d'abord, s'apprécient. J'avoue que je n'ai aucune considération pour le mariage du Blanc, pour l'Etat-civil. En fait, la bénédiction qu'on déversait sur les filles devant le corps de garde dans le mariage traditionnel, le consolidait, et incitait les filles à être de bonnes épouses. Aller en mariage sans les bénédictions des parents constituait une sorte de malédiction.

C'est pourquoi nous ne sommes pas satisfaits des mariages que les jeunes contractent aujourd'hui. Quand par exemple, tu dis à ton fils que tu connais le genre de femme qu'il lui faut ;

celle qui peut venir procréer et dont tu connais la famille, il refuse et dit : « qu'il ne veut pas mettre une veste cousue par quelqu'un d'autre ». Ce qui signifie qu'il ne peut pas épouser une femme choisie par quelqu'un d'autre. Aussi, rejette-t-il un amour qui n'est pas son choix.

Ce qui est plus choquant encore de nos jours, c'est que ce sont les femmes qui font la cour aux hommes et se rendent dans le village de ces derniers sans aucune gêne. Par exemple, tu es un père, tu arrives un jour de la plantation, tu trouves une fille assise dans ta maison et si tu demandes à ton fils qui est la jeune fille, il te répondra : « C'est la fille avec qui je vis ». On voit bien que c'est la fille qui fait maintenant tout pour se faire épouser, pour s'accrocher. Il suffit aujourd'hui qu'une femme ait un beau visage pour qu'on se précipite pour demander sa main.

Souvent, on ne sait pas comment elle est et on ne connaît pas ses parents, sa famille. Nous n'aimons pas cette façon d'agir. Toutes les maladies vénériennes viennent du fait que les femmes sont devenues légères, ouvertes à tout. Regardez les Haoussa, leurs femmes sont barricadées, c'est une manière de les protéger, de les mettre à l'abri des mauvais courants.

Tandis que nos filles sont vulgaires et font tout pour se faire épouser. La vie et l'éducation de nos parents étaient remarquables. Nous devons revenir sur les pratiques et les principes du passé, ils sont sûrs ».

Désiré EBOZO'O OBOUNOU (Instituteur à la retraite)

« Ce qui me plaît dans le mariage traditionnel, c'est que le père choisissait une femme pour son fils ou un homme pour sa fille et faisait le bon choix. Le mariage traditionnel réussissait surtout parce qu'il était fondé sur l'entente des deux familles qui se fréquentaient et apprenaient à se connaître.

Il y a un proverbe chez nous qui dit qu' : « Avant d'épouser une femme, on doit regarder la tête de la mère ». Cela signifie en clair qu'il est important de tenir compte du comportement d'un père ou d'une mère avant d'épouser leur fille. C'est après avoir bien observé la famille de la femme qu'on peut vraiment s'engager à l'épouser. Les mariages de nos parents se faisaient donc sur la base de l'observation, de l'entente entre les deux familles.

Ces mariages étaient tellement solides que les femmes, si jeunes pouvaient-elles être, mouraient dans le village de leur mari. C'est le cas de ma mère qui est morte ici alors que son mari était déjà décédé depuis longtemps.

D'autre part, les pères qui mariaient leurs filles à des vieux avaient besoin de la dot soit pour marier leur fils soit pour se marier eux-mêmes. Ils étaient donc prêts à donner leurs filles au plus offrant pour leur propre plaisir. Ce genre de mariage était sans amour et douloureux pour la femme.

Mais que voyons-nous aujourd'hui ? Il y a plein de jeunes hommes qui, sans le consentement de leur père ni de leur mère viennent leur présenter une jeune fille qu'ils désirent épouser. Ensuite, il faut rapidement aller verser la dot aux parents de la fille. Tout de suite après le versement de la dot, on assiste à la célébration du mariage à l'Etat-civil. On tue des bœufs et on voit circuler beaucoup de cadeaux et d'argent. Mais ce qui est surprenant, c'est que si le mariage a été contracté le 20 janvier, le divorce survient le 31 janvier. Vous voyez que ces mariages faits à la va-vite ne durent jamais, ils sont comme un feu de paille.

Il y a un autre aspect que j'apprécie dans les mariages d'avant : la dot avait une valeur vraiment symbolique. Le gendre donnait juste un porte-bébé en peau d'antilope à sa belle-mère et un fusil à son beau-père. Il ne rencontrait aucune difficulté. Il n'y avait pas comme aujourd'hui, des millions à verser. Mais dès qu'un gendre donne un million, le beau-père demande encore deux bœufs.

Ce n'est pas facile d'avoir une femme aujourd'hui. Pas d'argent, pas de femme.

Dans le passé, les divorces étaient rares. Quand il y en avait un, on comptait tout ce que la famille de l'homme avait donné et la famille de la femme avait l'obligation de tout rembourser. C'est après que la femme était libre.

A présent, ce n'est plus le cas. Les divorces ont lieu tous les jours. Les femmes divorcent sans rembourser leur dot et vont plutôt se réfugier à Libreville. L'homme reste à pleurer et sa femme et sa dot. Les mariages actuels, il faut le reconnaître, sont mauvais. Il n'y a plus le souci de mieux connaître la famille dans laquelle on veut épouser une femme ou un homme avant de nouer un mariage. C'est à l'époque de nos parents que les mariages étaient plus sûrs et mieux organisés. Aujourd'hui, c'est la catastrophe ».

AKUE MEDZEGUE (Cultivateur, village Mekak Nkodjoé)

« Nos pères épousaient les femmes pour leurs enfants. Ils regardaient d'abord les familles dont sont issues les futurs épouses. Ils savaient que telle famille avait des valeurs, telle autre n'en avait pas. Souvent, le père allait seul choisir la fille qu'il souhaitait que son fils épouse. Le fils prenait ensuite contact avec la jeune fille et la famille de cette dernière.

Les parents de la fille venaient l'accompagner chez son mari (yâlâ) et le beau-père ainsi que la belle-mère donnaient un nom à leur belle-fille. C'est à cause de cette démarche que les familles étaient peuplées d'enfants. Les mariages arrangés étaient donc plus vrais, plus solides. Les femmes ne divorçaient pas parce qu'elles connaissaient et respectaient les règles de la société.

Or, les mariages d'aujourd'hui sont précipités et incertains. On se marie le matin et on divorce le soir. Ce qui est pire dans tout ça, c'est que les jeunes filles décident de se marier sans même connaître la famille de celui qu'elles ont choisi. Les hommes eux, prennent tout leur argent pour la dot sans vraiment savoir où ils mettent les pieds. Après deux jours, on va faire l'Etat-civil et quelque temps après, on apprend que le mariage n'existe plus.

Tout cela parce que les jeunes se marient sans avoir besoin de consulter leurs parents, de recueillir leur avis. Les gens ne connaissent que la femme et l'argent.

Si j'avais à choisir entre le mariage d'avant et celui d'aujourd'hui, je choisirais celui de nos pères, car il n'était pas précipité mais mûrement réfléchi. La fille pouvait se rendre compte que le choix de son père n'était pas mauvais ».

Pélagie NTSAME OBAME (Enseignante)

« Le mariage traditionnel était une pratique à multiples facettes. Comme toute pratique, il comportait des avantages et des inconvénients. En général, les mariages contractés sans le consentement de la fille était une agression pour la jeune femme tant sur le plan physique que psychologique.

Mineure, la jeune fille était pratiquement violée, violentée. Elle tombait souvent enceinte bien avant quinze ans et n'arrêtait pas de faire des enfants. Non seulement elle devait supporter une maternité précoce, elle était obligée de s'occuper des travaux domestiques et champêtres. Toutes ces activités étaient si fatigantes qu'à trente ans, la jeune femme en paraissait davantage.

La violence psychologique moins visible, était plus grave et destructrice. C'est vrai qu'une étude n'a jamais été menée là-dessus. Ces femmes devaient souffrir des mêmes troubles psychiques que les fillettes violées de nos jours. Mais comme c'était normal de voir un homme âgé aller avec une petite fille, personne ne cherchait à connaître l'état de santé mentale de la petite fille. Mais n'est-ce pas traumatisant de se retrouver au lit avec un vieillard plus âgé que ton père et qui de surcroît est le père des enfants avec qui on jouait dans la cour quelques années plus tôt, et qui eux, vont à l'école ?

N'est-ce pas destructeur de se retrouver du jour au lendemain confrontée à une vie de femme avec des femmes qu'on prenait pour des « mamans » et avec qui on partage désormais le mari ?

N'est-ce pas traumatisant de savoir qu'on va passer sa vie avec un homme qu'on n'aime pas et qu'il va falloir accepter et supporter ?

N'est-ce pas frustrant de savoir qu'on n'a rien à dire et que nos idées et nos sentiments ne sont pas pris en compte ?

N'est-ce pas affreux, quand on y pense aujourd'hui, de se rendre compte que la femme n'avait pas d'identité propre et qu'elle n'était rien d'autre qu'une marchandise à échanger ? Une certitude demeure pourtant, la peur d'être maudite, rejetée par ses parents obligeait la jeune fille à se taire. Car, en ces temps obscurs, on menaçait la fille récalcitrante de ne jamais faire d'enfants ou de ne jamais se marier si elle refusait le choix des parents. Les filles redoutaient la malédiction et le rejet de leurs parents et se résignaient.

Cependant, le mariage imposé permettait aux jeunes gens, surtout à la jeune fille de se marier vierge. Ce qui aurait été une solution efficace en ces Temps modernes où le sida sévit et tue.

A l'époque traditionnelle, il y avait aussi moins de célibataires, de femmes seules, même si, d'un autre côté, la famille était bien contente de rester avec les enfants nés avant le versement de la dot.

La société traditionnelle fang aimait manger dans plusieurs râteliers ; les gens profitaient au maximum de tous les avantages qui pouvaient s'offrir à eux. Pour la famille d'accueil, épouser une femme qui avait déjà eu des enfants était une garantie : elle savait qui elle épousait, une femme dont « le ventre était fécond ».

Une chose est sûre, dans la société traditionnelle fang, il y avait moins de célibataires aussi bien chez les hommes que chez les femmes. Mais le désir de lutter contre le célibat justifie-t-il toutes ces vies sacrifiées, brisées ?

Les mariages d'autrefois auraient pu continuer si l'on avait tenu compte de l'avis de la femme.

A partir du moment où les femmes avaient ouvert les yeux et pouvaient dire non, le déclin de ce type de mariage avait commencé : l'idéal aurait été de mettre les jeunes gens en présence et de laisser agir la magie de l'amour. Il fallait arranger la rencontre plutôt que le mariage, favoriser le contact au lieu d'imposer l'union ».

Bernard EKOME (Enseignant)

« Le mariage forcé en pays fang, ne trouve pas mon assentiment. En effet, à partir du moment où le libre-arbitre de l'homme lui est ôté, on en fait désormais un esclave ; quelqu'un pour qui l'on doit décider sans se référer à lui. Or à mon avis, le mariage doit être en premier lieu l'accord des deux personnes concernées, à savoir les deux conjoints. De plus, la première chose à laquelle chacun doit se référer, c'est l'amour. Or le mariage en pays fang ressemblait à un rapport de force où la femme était reléguée au second plan. Elle devait obtempérer purement et simplement. Déjà la future épouse était choisie dès le sein de sa mère par son futur époux ou son futur beau-père.

Aussi en grandissant, la jeune fille prenait-elle conscience de sa situation alors que le mariage avait été scellé depuis son enfance. Il n'était plus question de contester. Il fallait simplement se résigner.

La belle-mère faisant office de mère pour la future épouse, se devait de lui inculquer les valeurs cardinales liées à sa vie de couple. Mais le risque était que cette belle-mère transmettait directement à la jeune fille certaines habitudes fussent-elles bonnes ou mauvaises. La jeune fille en grandissant était donc une épouse à l'image de sa belle-mère, qui lui forgeait une personnalité semblable à la sienne. Toutefois, la disparition du mariage forcé n'a pas été sans conséquences de nos jours.

En effet, d'une manière ou d'une autre, une gestion équitable des richesses existait à l'époque traditionnelle.

Une femme était donnée en mariage à une famille réputée par son ardeur au travail. La femme constituait donc un placement qui permettait souvent à sa famille de sortir de la pauvreté.

De nos jours, l'individualisme s'étant substitué au communautarisme a généré des comportements ayant conduit les femmes à connaître des déboires, à l'instar du célibat prolongé. La question est de savoir si finalement en abolissant le mariage forcé, l'on enregistre pas plus de femmes célibataires et de surcroît une pauvreté encore plus grande avec les maux qui en résultent (vagabondage sexuel, sida, familles monoparentales, phénomène de « deuxième bureau » ou « maîtresses attitrées de ... »).

Jean NDONG ABESSOLO (Pasteur et enseignant)

« Trois événements ont toujours occupé une place de choix dans la tradition fang : la naissance, le mariage et la mort. A cet effet, le mariage, à tort ou à raison, est considéré comme une affaire familiale dont la responsabilité incombe presque totalement aux parents notamment pour ce qui est du choix du conjoint de leur progéniture.

En effet, ce sont les parents qui sont habilités, eu égard à leur sagesse, à choisir le conjoint idéal pour leur enfant, c'est-à-dire le gendre capable de prendre soin de la conjointe et de la belle-famille.

L'amour vient donc en énième position, car disent les Fang traditionalistes, « l'amour viendra avec le temps ». Un bon mariage, selon les Fang, est celui qui profite à un grand nombre de personnes dans la famille, qui s'accompagne de la naissance de beaucoup d'enfants, et qui dure longtemps.

Cependant, Dieu étant l'inventeur du mariage, toute pratique dans ce domaine doit être jugée à la lumière de la volonté divine. Elle pourra donc être rejetée ou confirmée selon qu'elle s'oppose à la Parole de Dieu ou pas.

Adam fut le premier homme sur la terre. Et Dieu trouva qu'il n'était pas bon qu'il soit seul, c'est pourquoi il promit de lui créer une aide semblable à lui. Mais Dieu lui accorda d'abord la possibilité de choisir lui-même sa conjointe. Comme Adam était incapable de trouver lui-même la compagne idéale, c'est à ce moment que Dieu vint à son secours et lui en proposa une.

Malgré la sagesse infiniment variée de Dieu, malgré son intelligence incomparable et sa capacité de connaître toute personne parfaitement, Dieu n'imposa pas Eve à Adam comme conjointe, ni Adam à Eve comme mari.

C'est Adam lui-même qui s'écria : « Voici cette fois, celle qui est os de mes os, chair de ma chair, on l'appellera femme ». Eve approuva également la proposition de Dieu par son grand silence car « qui ne dit mot, consent ». Si Adam et Eve n'avaient pas commis le péché du fruit défendu, ils auraient vécu éternellement mariés dans le jardin « d'Eden », c'est-à-dire dans les délices, le bonheur.

Dieu ne dit-il pas que : « Celui qui trouve une femme, trouve le bonheur, car c'est une grâce qu'il obtient de la part de l'Eternel ».

C'est donc l'homme qui doit « trouver » la femme qui lui convient et la femme doit « trouver » le mari idoine. C'est à cette seule condition que le bonheur conjugal peut devenir réalité.

Pourquoi donc aujourd'hui il y a tant de divorces, de divisions, d'insatisfaction, voire de guerres dans les foyers, me direz-vous ? Pourtant, l'homme et la femme ne sont plus soumis au choix des parents. Je vous répondrai en empruntant l'assertion de Soljenitsyne : « Les hommes ont oublié Dieu. Tout vient de là ». Plusieurs personnes sont aujourd'hui tentées de retourner à la bonne vieille méthode de nos grands-parents parce qu'elles ont pris conscience de la précarité des mariages actuels.

Certes, ce retour aux sources permettra peut-être aux mariages de durer plus longtemps, mais le manque de bonheur conjugal ne trouvera pourtant pas de solution. Il est temps que l'homme et la femme, au lieu d'imposer le choix du conjoint à Dieu, lui proposent un choix auquel ils doivent être prêts à renoncer s'il n'est pas le choix divin. Car « nulle créature n'est cachée devant Dieu » et c'est donc lui seul qui est capable de nous éviter de prendre un porc-épic, un serpent à sonnettes à la place du conjoint idéal, de la conjointe idéale ».

LES JEUNES

L'école a permis aux jeunes d'apprendre à lire et à écrire dans une langue étrangère mais a aussi modifié leur façon d'apprécier le milieu socio-culturel dont ils sont issus. Le contact avec de nouvelles cultures leur a fait rejeter toutes les institutions traditionnelles qui vont à l'encontre de la liberté, de leur sensibilité, de leur vision du monde.

Cheik Hamidou Kane énonce les conséquences de l'école sur les jeunes et fait dire à l'un de ses personnages dans *l'Aventure ambiguë* : « L'école où je pousse nos enfants tuera en eux ce qu'aujourd'hui nous aimons et conservons avec soin, à juste titre. Peut-être notre souvenir lui-même mourra-t-il en eux. Quand ils nous reviendront de l'école, il y en est qui ne nous reconnaîtront pas... »

Les jeunes que nous avons interrogés s'opposent pour la plupart, à la pratique du mariage imposé dont de nombreuses femmes ont été victimes dans la société traditionnelle même si certains d'entre eux semblent accepter et reconnaître implicitement la légitimité de ce type de mariage.

Prisque MENDOME (Etudiante)

« S'agissant du mariage traditionnel, trois mots me viennent à l'esprit : mépris, traumatisme et violence. D'abord, on ne tient pas compte du point de vue de la jeune fille.

C'est une attitude de mépris qui transforme la femme en « sous-être ». Plus tard, elle se sentira frustrée face aux autres femmes et sera traumatisée à vie. La violence exercée sur elle est due au fait qu'on l'arrache aux siens sans son consentement.

Toutes ces femmes mariées dans leur jeunesse contre leur volonté ont vraiment du mérite d'être restées dans leur mariage.

Je leur tire mon chapeau ».

Christiane NGOUA (Etudiante stagiaire)

« Ce type de mariage est dégoûtant, révoltant, dramatique. Quand je pense à ces enfants de cinq ou dix ans qui étaient promises et mariées à des vieillards, je suis profondément choquée.

C'est quelque chose qui dépasse mon entendement. J'ai du mal à imaginer que ce type de mariage ait pu avoir lieu. Les mariages contractés sous la contrainte sont humiliants.

Il ne faut pas oublier que les premiers rapports sexuels sont quelque chose d'essentiel, car ils vont déterminer la vie affective d'une femme. En effet, quand on est jeune et qu'on a son premier rapport sexuel avec un jeune, on a peur, on appréhende parce qu'on pense au mal qu'on peut ressentir. Avec un vieux, cela doit être terrible, surtout quand son apparence physique peut laisser à désirer.

Peut-être ne cherchera-t-il pas à ménager la jeune fille en y allant avec douceur. Ces hommes âgés ne devaient penser qu'à assouvir leur désir sexuel et à s'imposer en tant qu'homme. Après des rapports sexuels avec un homme qu'elle n'aime pas, la femme ne peut que se sentir humiliée, souillée.

Au lieu d'éprouver du plaisir, elle va considérer les rapports sexuels comme une corvée, une violence. J'éprouve une sorte de révolte contre les pères. Contre les mamans, pas trop, car elles ne pouvaient rien dire.

D'autre part, le comportement des pères est scandaleux, car marier son enfant pour satisfaire des besoins matériels provoque en moi une sorte de révolte. Ils avaient pourtant le pouvoir de dire non aux exigences de la tradition. Le drame se situe à tous les niveaux. Je pense notamment à la mère à qui on arrache son enfant en bas âge. L'enfant est aussi arrachée à l'amour de sa mère.

C'est un véritable déchirement. Les séquelles de ce traumatisme restent à vie ».

Pénina MENGUE ME NGOU (Etudiante)

« On m'a mariée contre ma volonté », « Je n'avais jamais vu mon mari », « Il me battait », « Je voulais aller à l'école », « Je me suis enfuie », etc. Autant de phrases que des femmes mariées contre leur volonté ont pu prononcer. Leurs témoignages sont émouvants et frappants. On y trouve la même suprématie de l'homme, la même impuissance d'une mère éplorée qui voit partir sa fille encore frêle.

En tant que femme, il m'est facile d'imaginer le désarroi, le traumatisme de ces personnes qui n'étaient que des enfants à l'époque. Ma révolte est d'autant plus grande que c'étaient leurs pères qui les envoyaient presque à la mort.

Même si le temps a fait son œuvre et que les années ont peu à peu séché les larmes de ces femmes, il n'en demeure pas moins que des blessures, des empreintes indélébiles sont là en dépit de la présence et de l'amour de leurs enfants.

La chose la plus douloureuse et la plus marquante, c'est qu'elles n'ont jamais eu la possibilité de choisir ni leur époux, ni le rythme de leurs grossesses, ni rien. Bien pis, elles ne pouvaient aller nulle part, sans instruction, sans ressources.

Face à la précarité de la situation des femmes mariées sous la contrainte, je ne peux qu'exprimer mon indignation. Ces femmes m'inspirent respect et admiration. Le fait d'accepter une existence d'humiliations et de contraintes les transforme non seulement en victimes mais aussi en véritables héroïnes ».

Maxime MVE (Etudiant)

« Globalement, le mariage d'autrefois qui ne laissait pas le libre choix à la fille, était une mauvaise façon de faire, car vivre toute une vie avec une personne qu'on n'a pas choisie est inimaginable. Mais quand les pères s'engageaient à marier leurs filles sans les consulter, ils ne voulaient pas forcément leur faire du mal. Ils croyaient plutôt que leur choix était le meilleur étant donné que la fille n'était pas encore mature pour choisir. Leur choix obéissait à des critères précis : il fallait que leur fille soit avec un homme honorable auprès de qui elle pouvait trouver la sécurité et le bonheur.

La principale difficulté de la fille est qu'elle ne connaissait ni son mari, ni la nouvelle famille qu'elle allait intégrer. Il fallait découvrir et accepter tout le monde, toutes les réalités du mariage en même temps. Les filles se sentaient obligées de se soumettre au choix de leur père. Une chose est certaine, les hommes à qui elles étaient destinées ne pouvaient pas accepter le mariage si celui-ci n'avait pas le soutien des parents.

La violence exercée sur la fille est surtout morale à cause de l'absence de choix, de la solitude et des nombreuses exigences qu'elle va connaître dans le mariage. Le problème du mariage forcé est difficile à aborder aujourd'hui à cause des données qui ont changé ».

Serge NGOUA (Etudiant)

« Le mariage traditionnel avait des avantages même si on ne pensait pas vraiment à la femme et au fait qu'elle devait se soumettre au choix du conjoint imposé par son père. Cependant, le mariage traditionnel pouvait améliorer les rapports entre les deux familles et aidait même à régler les conflits entre deux communautés belligérantes. Toutefois, marier quelqu'un contre sa volonté n'était pas une bonne pratique. Dans ce type de mariage, seuls les enfants rendaient les femmes heureuses.

D'autant plus que la femme était considérée comme une étrangère et n'était pas toujours intégrée dans la famille de son mari qui mettait plus l'accent sur les enfants que sur sa femme ».

Benyss MBA ABESSOLO (Etudiant)

« Le mariage forcé n'est pas a priori condamnable, car à l'époque de nos grands-parents, il faisait partie de notre culture, de nos mœurs. Les parents qui mariaient leurs filles jeunes sans les consulter respectaient tout simplement la tradition, qui, rappelons-le, était sacrée à leur époque. De plus, tous les mariages forcés n'ont pas été des échecs. Il y a eu certainement des unions qui se sont bien passées et où la jeune fille avait appris à aimer son conjoint. Il ne faut donc pas avoir une vision trop pessimiste du mariage forcé.

Mais si l'on considère que tout être humain doit être libre de ses choix et de ses décisions, nous pouvons dire que le mariage forcé est une tyrannie, un manque de respect de la dignité humaine et particulièrement de celle de la femme. En effet, le mariage forcé montre à quel point on n'avait aucune considération pour la femme : elle était celle qui devait accepter sans discuter tout ce que les hommes décidaient pour elle. Or, toute femme doit pouvoir être libre de choisir l'homme pour qui elle éprouve des sentiments, sans aucune forme de pression extérieure.

Les parents qui mariaient leurs filles ne voyaient d'abord que leurs intérêts et semblaient se soucier très peu du bonheur de celles-ci. Ils agissaient plus par égoïsme et par autoritarisme. Cette attitude est condamnable et rend le mariage forcé rétrograde et inhumain.

Saint-Cyr NGUEMA ONDO (Etudiant)

« C'est une pratique que je condamne. Je ne conçois pas qu'on ne laisse pas quelqu'un s'exprimer quand il s'agit de son avenir. C'est déplorable ! Ce n'est pas le genre de situation qu'on souhaite revivre.

En revanche, ce type de mariage avait des aspects positifs parce qu'on mariait sa fille à quelqu'un de fiable, de crédible que les parents connaissaient. Le mariage à l'époque était une plate-forme qui permettait aux deux familles de se connaître, de tisser des liens solides. Et quand la fille se mariait, elle savait qu'elle allait représenter son village, sa famille dans le village de son mari et faisait tout pour honorer sa famille en ayant un comportement digne. C'est d'ailleurs cet aspect qui faisait tenir les mariages traditionnels.

A travers la fille qui se mariait, la relation entre les familles et les tribus pouvait se perpétuer, car d'autres hommes pouvaient aller se marier dans le village de la fille, à cause de la bonne réputation de cette dernière, de la bonne image qu'elle offrait. Aujourd'hui, tous les critères d'autrefois sont méprisés. C'est bien dommage ! Mais le mariage fondé sur le consentement est-il forcément le meilleur ? C'est là toute la problématique ».

Ingrid NKENE (Etudiante)

« Le mariage occupe une place déterminante dans la culture fang, car il représente une forme de richesse et est un facteur de réussite, de prestige et d'honneur. Mais il est important de dénoncer aujourd'hui les mariages forcés ainsi que les violences qu'ils entraînent. Si nos grands-parents ont choisi ce type de mariage que je qualifie « d'esclavagiste », c'était par rapport à un état d'esprit, par fidélité aux coutumes et surtout par ignorance.

Le contexte culturel et économique actuel doit pousser certains à prendre conscience du tort fait à des jeunes filles d'antan en les contraignant à des unions non souhaitées marquées par des violences extrêmes et qui les réduisaient à l'état de choses.

Il est donc temps de rendre à la femme sa place dans la société en l'associant à la prise de décision. Pour qu'un couple réussisse, il est important que l'homme et la femme soient épanouis.

Cet épanouissement commence par le respect des droits, de la liberté de chacun de choisir la personne avec qui on veut passer toute sa vie.

Je pense que certaines pratiques méritent d'être revues, de cesser même, car c'est à cause d'elles que l'Afrique est longtemps restée en arrière : une grande partie de ses hommes et de ses femmes n'avaient pas toujours eu le droit d'exprimer leur choix et leurs désirs. Il faut que les parents acceptent l'évolution de la société, des mentalités en donnant à leurs enfants, filles et garçons, le droit de choisir et de construire leur vie ».

Sylvie NGOUA (Etudiante)

« Le mariage forcé est une aberration. Il doit vraiment disparaître dans notre société. Forcer une femme à passer toute sa vie avec un homme qu'elle n'aime pas, c'est l'envoyer au « couloir de la mort », c'est la faire mourir à petit feu, c'est la condamner à perpétuité. Non, ce genre de mariage est un crime. Qu'on soit pauvre ou riche, le mariage forcé meurtrit, rabaisse. Il doit donc disparaître ».

Edith Flore ANDEME (Etudiante)

« Le mariage étant un engagement qui nécessite le consentement de deux personnes, il va de soi que le mariage forcé va à l'encontre de ce principe et menace par la même occasion l'existence de cette institution sociale. Cette absence de choix amène certaines mariées à subir un véritable traumatisme le jour de leur vie où elles sont censées être heureuses, car elles découvrent un inconnu pour qui elles n'ont aucun sentiment. Certaines peuvent même s'effondrer de douleur en pleine cérémonie.

Dans ce genre d'union, il arrive souvent que le mari manque de considération, de respect pour cette épouse livrée sur un plateau d'argent. Un homme qui vit avec une femme sans l'avoir désirée ne fera donc aucun effort pour lui plaire, pour la rendre heureuse.

Leurs relations seront celles de dominant à dominée et auront des conséquences néfastes sur la femme tant sur le plan affectif que sexuel.

Il est vrai que la plupart des témoignages recueillis présentent des femmes victimes du mariage imposé par leurs parents. Mais tout fait social, si mauvais soit-il, présente des avantages qui ne sont peut-être pas saillants mais qu'il faut aller chercher.

Qu'est-ce qui pouvait donc pousser les pères et parfois les mères d'autrefois à donner leurs filles à tel homme plutôt qu'à tel autre ?

Il faut d'abord souligner que les parents, forts de leur expérience, de leur clairvoyance et de leur vision du monde pensent toujours qu'ils savent ce qui est bon pour leur progéniture. Cette attitude n'a ni frontière géographique, ni raciale. Au XIXème siècle en Europe, le choix du conjoint était encore la seule affaire des parents. Il se faisait en fonction des origines familiales du conjoint ou de la conjointe, de sa réputation, de sa fortune. Ces mariages arrangés qui existent encore dans les milieux aristocratiques aujourd'hui, obéissent à la même logique que le mariage forcé en Afrique.

Nos grands-parents avaient en effet, une conception du mariage opposé à la nôtre.

L'amour n'était pas l'élément central pour qu'un mariage se nouât.

La question préalable de nos aïeuls concernant le mariage n'était pas : « La fille aime-t-elle l'homme ? Mais sera-t-elle heureuse avec lui ? Pourra-t-il lui offrir la sécurité, le bien-être ? » Pour eux, c'est le bien-être, la sécurité que l'époux apporte à sa femme qui vont susciter chez cette dernière le sentiment amoureux. De même une femme qui sert correctement son mari et satisfait son besoin sexuel et son désir de paternité suscite chez ce dernier un sentiment amoureux.

L'amour, pour nos grands-parents n'a donc pas besoin d'être la condition sine qua non du mariage parce qu'il peut naître à un moment ou à un autre de la relation conjugale. Leur schéma était plutôt : sécurité, confort, fortune, intégrité, mariage, amour. Or, dans la conception actuelle du mariage, l'amour est le soubassement, le moteur du couple.

Mais à présent, le nombre de femmes et surtout d'hommes qui consciemment ou inconsciemment ne font pas le bonheur de leur partenaire après un mariage d'amour nous amène à ne pas fustiger trop vite le mariage traditionnel.

Le commun des mortels pense aujourd'hui que l'amour est suffisant pour la sécurité et le bonheur des conjoints. Mais sans être alarmiste, on peut affirmer que la réalité conjugale actuelle est un désastre.

Combien de mariages fondés sur l'amour finissent par un divorce ? Les femmes modernes peuvent-elles affirmer qu'elles sont plus heureuses que leurs mères ou leurs grands-mères parce qu'elles ont fait un mariage d'amour ? Leur désarroi n'est-il pas parfois plus grand que celui des femmes d'hier en dépit de la possibilité que leur offre la loi de mettre fin à leur union ?

La première lecture qu'on fait donc du mariage forcé nous pousse irrésistiblement à le condamner, car on se réfère aux valeurs actuelles. Mais une analyse plus approfondie de la réalité conjugale actuelle ne nous permet plus de condamner absolument le système instauré par les anciens.

La relation conjugale moderne regorge de travers, de vies brisées, d'infortune, de duperie, de mauvaise foi ou encore de passion pouvant conduire au meurtre de l'être même qu'on dit aimer.

Cependant, certains témoignages démontrent que les anciens auraient dû penser à l'élément « amour » dans les unions tissées pour leur progéniture, car plusieurs femmes sont marquées à vie pour avoir subi des époux qu'elles n'avaient jamais choisis. Mais celles qui vivent aujourd'hui des relations fondées sur l'amour avec un conjoint qu'elles ont choisi elles-mêmes sont-elles pour autant plus heureuses ? ».

Ruth MESSO (Etudiante)

« La société traditionnelle gabonaise en général est fondée sur la promotion des valeurs anciennes. C'est ainsi que la tradition fang tolérait l'union entre un homme mûr et une enfant.

Cette tendance reste d'actualité mais avec moins d'acuité que jadis.

Nous avons déjà entendu des femmes qui ont subi cette loi coutumière témoigner. Et pourtant les unions imposées ont eu des avantages incontestables dans la société traditionnelle par rapport aux unions modernes librement consenties En effet, le mariage traditionnel était certes imposé ou arrangé mais était solide et durable. Il constituait d'abord l'alliance entre deux familles. Ensuite, la jeune fille était élevée, éduquée par son mari, ce qui favorisait une bonne entente avec ce dernier.

La première épouse initiait la petite fille à toutes sortes de tâches domestiques qui devaient lui permettre d'être une bonne épouse. Soumission, respect, fidélité étaient donc les maîtres-mots dans la vie des femmes de la société traditionnelle fang.

Cependant, la dictature et la violence étaient de mise. Par exemple, l'épouse transformait parfois la petite en une bonne à tout faire, une esclave, sous prétexte que les tâches ménagères visaient à la former. Quand la « femme fille » était devenue grande et qu'elle se permettait de commettre un adultère, elle subissait deux formes de tortures : soit elle était attachée à un arbre appelé « Egokom » couvert de fourmis à la piqûre douloureuse, soit on l'attachait à un poteau du corps de garde dans le but de lui faire avouer son acte en dévoilant le nom de son amant. De telles violences étaient admissibles et traumatisaient bon nombre de femmes. Comment oublier les filles que leurs pères enlevaient et livraient de force à des hommes pour de l'argent ! Ma mère me disait à ce sujet qu'elle pleurait souvent.

Elle s'est échappée grâce à la complicité de sa mère. Ce qu'on constate, c'est que ces unions continuent de se faire mais avec le consentement des intéressés. Le mariage forcé est d'une époque révolue et ne devrait plus se faire, à mon avis. Avec l'émancipation de la femme, nous avons la liberté de choisir. Ce choix n'est crédible que quand nous sommes majeures et adultes. Imposer un mari à une enfant n'est pas respecter ses droits ».

Thierry Daniel Minko (Étudiant)

« Le mariage dans son acception divine est l'union consentie entre deux individus de sexe opposé. Il suppose la notion de libre choix des partenaires qui ne doivent connaître aucune pression extérieure. Mais cet idéal divin qui consacre le mariage comme une union parfaite que tout homme voudrait réaliser, n'est pas toujours source de bonheur pour la jeune fille dans la société traditionnelle fang, mais source d'oppression, de violence. En effet, dans cette société, beaucoup de mariages fondés sur l'arbitraire, la contrainte ont vu le jour. Celui de ma grand-mère maternelle est le témoignage sur lequel je peux me fonder pour montrer la violence physique et psychologique exercée sur la femme à l'époque de nos grands-parents. Mon grand-père était un excellent charpentier et avait fait des réparations sur la toiture du père de ma grand-mère.

N'ayant pas de quoi payer, le père de ma grand-mère persuada mon grand-père de prendre en gage ma grand-mère qui n'avait que 7 ans.

Mon grand-père n'était pas content de la proposition du père de la jeune fille. Mais il l'emmena quand même. Cinq ans plus tard, le mariage fut scellé, parce que mon arrière-grand-père n'avait pas toujours trouvé l'argent nécessaire.

Donner sa fille en mariage pour régler sa dette était la seule possibilité qui s'offrait à mon arrière-grand-père. Quand nous avons demandé à notre grand-mère pourquoi elle ne s'était pas enfuie, elle nous a répondu qu'elle avait peur de déshonorer son père, sa famille, elle-même et son mari. Elle eut cinq enfants avec mon grand-père et lui resta fidèle jusqu'à sa mort.

Au-delà de la violence psychologique et de l'atteinte à la liberté que présentait ce type de mariage, il faut reconnaître qu'il offrait aussi des avantages, car la société traditionnelle a été épargnée de pas mal de fléaux tels que le vagabondage sexuel, l'infidélité, la prostitution, les maladies vénériennes qui minent la société moderne.

Bien plus, si nos grands-parents ont opté pour les mariages arrangés ou forcés, c'était pour éviter non seulement certains dérapages susceptibles de compromettre la cohésion du groupe et l'honorabilité de la famille, mais aussi le célibat qui était comme une injure, un opprobre familial. L'idéal traditionnel du mariage garantissait donc la respectabilité de la femme, ainsi que sa soumission à son mari et à sa belle-famille...

Nous dirons pour finir qu'en dépit de l'atteinte à la liberté de la jeune fille, une certitude subsiste : la façon de faire de nos grands-parents a été judicieuse et leur a permis d'épargner la jeune fille de la débauche à laquelle nous assistons, impuissants, aujourd'hui. Nous sommes donc partisans de l'exhumation d'un certain type de mariage traditionnel fondé sur les principes tels que :

L'arrangement entre les deux familles après le libre choix des intéressés.

L'obligation pour tous de se marier. Ce n'est que dans cette perspective que l'on pourrait mettre un terme au libertinage, à la débauche, à la propagation du sida dans une société où les valeurs nobles sont en train de s'effriter. »

DEUXIÈME PARTIE

Regard sur une société entre modernité et nostalgie du passé

CHAPITRE XXI

La survivance de la violence

Les convictions et les opinions contenues dans ce chapitre se sont forgées à partir de l'expérience d'un certain nombre de personnes que nous avons côtoyées aussi bien en milieu urbain que rural.

A cela s'ajoute notre expérience personnelle. Rappelons que la connaissance des principes appris à l'école ou à l'église et les lois votées pour protéger les filles mineures ont contribué à mettre la jeune fille fang à l'abri de la brutalité morale et physique qu'ont connues sa grand-mère et sa mère quand on les mariait à des hommes plus âgés.

En dépit des mutations sociales et mentales, il arrive dans certains milieux ruraux et même urbains que des parents prennent la décision d'envoyer leur fille en mariage pour des raisons d'intérêt économique, comme nous l'avons souligné plus haut, ou pour tout autre raison. Si la fille oppose un refus catégorique à la proposition qui lui est faite, elle risque de s'attirer les foudres du père et même de la mère.

En effet, dans certaines familles, c'est parfois considéré comme un crime de lèse-majesté pour une fille de priver ses parents de « Mibôme », des cadeaux, de l'argent venant d'un homme qui est amoureux d'elle. Il n'est pas rare de voir certains parents tenir des propos malveillants à l'égard d'une fille qui n'apporte rien à la maison et qui ne profite pas de sa jeunesse pour « gâter » les siens. Il faut avouer que plusieurs femmes semblent avoir perdu le rôle de protectrice qu'avait la mère dans le passé et font plutôt montre d'une tyrannie cynique et d'un matérialisme qui dépasse celui dont étaient capables les pères autrefois, surtout lorsqu'il s'agit d'inciter leurs filles à épouser un homme qui a de l'argent et qu'elles voudraient comme gendre. Certaines femmes tolèrent que leurs filles sortent (souvent pour de l'argent) avec des hommes qui pourraient avoir leur âge. En outre, il est encore possible, selon la coutume, de proposer à une jeune fille ou à une jeune femme d'épouser son beau-frère afin de « garder les enfants » de sa défunte sœur et de permettre que les biens du gendre et de la disparue restent dans la famille.

Si celle sur qui est jeté le dévolu oppose une résistance, elle peut subir des pressions psychologiques qui l'obligent comme le dit un proverbe fang, à « avaler le couteau avec le manche », ce qui signifie, se résigner en acceptant l'inacceptable pour éviter d'être mal vue.

Mais la dot (Nswâ) semble à présent en pays fang, la plus grande violence que certains parents puissent encore exercer sur la femme et son futur conjoint.

En effet, on constate que la dot qui avait une valeur symbolique à l'époque de nos grands-parents, est détournée de sa conception originelle et subit des déformations qui transforment la femme diplômée ou pas en un capital, en valeur marchande, en bien qu'on négocie.

Supprimée au Gabon depuis 1963, la dot continue tout de même à être versée à des taux très élevés. La crise économique et la paupérisation incitent les gens du Nord, surtout ceux de Bitam[42], à devenir de véritables sangsues en exigeant de ceux qui désirent épouser leurs filles des sommes d'argent exagérées et d'autres biens matériels (maisons, scies à moteurs, groupes électrogènes, etc.).

Ce qui est curieux, c'est que certaines communautés gabonaises qui se targuent de respecter la dimension symbolique de la dot ont été contaminées et exigent elles aussi,

---

[42] Deuxième ville de la province du Woleu-Ntem.

lors des mariages, des sommes astronomiques et des articles hors de prix. Le matérialisme gagne du terrain et n'épargne personne.

Le principe de rentabilité qu'on retrouve comme une constante dans les mentalités est lourd de conséquences : non seulement il pousse les prétendants à s'endetter pour satisfaire les exigences de leur belle-famille mais peut parfois créer des déchirements entre la jeune fille et ses parents quand elle essaie de les ramener à la raison. Il n'est pas rare qu'on lui rétorque non sans agressivité : « Personne ne t'a envoyée en mariage », ou : « Tu dois te souvenir de toute la peine qu'on s'est donnée pour toi ; ta mère s'est abstenue de manger du porc-épic et du pangolin quand elle t'attendait pour que tu sois ce que tu es », ou enfin : « Quand on vient épouser la fille d'autrui, on se prépare. Tant pis si ton mari ne s'est pas bien préparé, etc. » Le taux de la dot est devenu si exorbitant que certains hommes renoncent à épouser des filles originaires du Woleu-Ntem et vont voir ailleurs. Ceux qui sont profondément amoureux choisissent le concubinage et en profitent pour faire des économies afin d'éviter d'être ridicules lors du mariage coutumier.

C'est vrai qu'on considère dans la tradition fang que le paiement élevé de la dot est une preuve indubitable d'amour et un sujet d'honneur pour les donateurs et les bénéficiaires. Mais les parents qui font preuve d'une cupidité parfois sordide oublient que la réclamation d'une dot exagérée peut dérégler les rapports futurs entre le mari et la femme.

Après le mariage coutumier et civil, il peut arriver que le couple soit lourdement endetté et manque souvent d'argent pour subvenir aux besoins du ménage. Ces problèmes financiers peuvent même être à l'origine des premières disputes du couple. Bien plus, si après avoir été l'objet de dépenses excessives, la femme se rend coupable d'une mauvaise conduite, qu'on ne s'étonne pas que le mari devienne brutal, irrévérencieux et qu'il fasse fi des nouvelles sollicitations venant de ses beaux-parents rapaces et même de sa femme.

Il est d'ailleurs des hommes qui n'hésitent pas à rappeler à leur femme dont le comportement est anomique « qu'elle a été chèrement dotée et qu'elle gagnerait à changer, à se tenir tranquille ». Exiger donc une dot abusive d'un gendre, c'est exposer sa propre fille au mépris et même à la brutalité du mari. C'est surtout la condamner non seulement à vivre dans la misère après le mariage, mais aussi à évoluer dans un univers où l'homme peut prendre plaisir à la rabaisser, à la chosifier quand elle a un mauvais comportement.

Cependant, toutes les familles ne tombent pas dans cette avidité inquiétante qui vaut tant de critiques aux Fang du Woleu-Ntem, car elles considèrent qu'un gendre est un fils qu'il faut ménager au lieu de le soumettre à une extorsion d'argent dont il se souviendra toute sa vie. Il est des familles aujourd'hui qui dépensent au même titre que le gendre - sinon plus - quand leur fille se marie. Mais la tendance générale est à faire dépenser le gendre. Ce qui peut susciter en lui une certaine révolte, surtout quand ses moyens sont limités et qu'il ne dispose pas du soutien des membres de sa famille. C'est pourquoi on se tromperait en croyant que le mariage librement consenti et qui a pour fondement l'amour ne comporte aucune violence verbale, physique ou psychologique. Bien au contraire ! En dépit des sentiments qui peuvent unir le nouveau type de couple, on se rend compte que la violence est toujours présente bien qu'elle apparaisse sous des formes variées et complexes.

En effet, nombreuses sont des femmes qui se sont mariées par amour et qui déchantent très vite à cause de la brutalité aussi bien verbale que physique qu'elles subissent soit de leur mari, soit de ses parents.

Il est évident que depuis qu'on parle de l'émancipation de la femme, le comportement d'un grand nombre de femmes, mariées ou non, les discrédite et justifie les critiques et la brutalité dont elles peuvent être victimes.

Certaines femmes confondent émancipation et libertinage et sombrent dans les libertés extra-conjugales, l'alcoolisme et toutes sortes d'attitudes négatives qui leur font perdre la dignité qui les ennoblissait autrefois et forçait le respect des hommes à leur égard.

Cependant, il existe une foule de femmes mariées dignes – elles sont de bonnes épouses et de bonnes mères – qui subissent paradoxalement les pires humiliations de leur mari. Pour elles, le mariage n'est pas du tout ce qu'elles espéraient ; il représente à la fois l'aboutissement d'un rêve et le début d'un cauchemar : il ébranle de fond en comble leur terrain mental et moral. En fait, on a vu au début de cet ouvrage que la tradition fang, comme partout ailleurs, encourage la supériorité masculine. Ainsi, l'homme doit-il annihiler la personnalité de la femme.

Cette dernière ne doit exister que par l'homme et pour l'homme et ne doit pas avoir des biens propres. Le Fang, intellectuel ou pas reste fang avec ses options, ses valeurs, son machisme.

L'école est pour lui une sorte de tremplin qui lui permet d'avoir une situation sociale correcte, mais l'école ne peut nullement changer le palmier en poirier. Un proverbe fang ne dit-il pas : « Qu'une marmite qui a servi à préparer la viande d'éléphant reste fortement imprégnée de cette odeur »[43]. Cela signifie qu'un jeune à qui on a répété depuis sa tendre enfance qu'il doit être « fâm », « l'homme » en tout et partout, ne peut que devenir macho, même s'il a été à l'école où il a acquis de nouveaux principes et une vision nouvelle des relations entre l'homme et la femme.

Les psychologues ne s'accordent-ils pas à dire que l'enfant est marqué par les faits, les paroles, les valeurs qui lui sont inculquées dans l'enfance ? L'être humain étant plus malléable psychologiquement dans l'enfance parce qu'il n'a pas de réflexion propre, il ne peut que se conformer aux exigences de son cadre socio-culturel. Ainsi, en présence d'une femme, l'homme fang doit-il avoir le pouvoir absolu. Même quand il

[43] *E vio oke zok wa memane megnum.*

aime sa femme, il s'abstiendra de le lui montrer. Cyclothymique, l'attitude envers sa femme balance entre la gentillesse et l'hostilité, l'attirance et la répulsion, l'amour et le mépris. D'autant plus qu'on lui a appris qu'un homme ne doit pas faire étalage de l'amour qu'il voue à sa femme, car les femmes préfèrent les hommes durs plutôt que les tendres. Les hommes bons sont plutôt méprisés et risquent de perdre leur autorité et leur prestige.

C'est pourquoi beaucoup d'hommes disent qu'ils se trémoussent dans leur carapace comme la tortue et n'ont pas besoin d'extérioriser leurs sentiments, surtout les bons.

En revanche, ils ne se font pas prier pour exprimer leur mécontentement, leurs mauvais sentiments. Plus l'homme humiliera sa femme, plus on reconnaîtra sa force de caractère, sa masculinité et plus il sera respecté par ses proches. Un homme trop gentil, trop rangé n'est pas un homme et peut devenir la risée de tous. L'éducation est donc un terreau favorable à cette froideur, à la violence, au manque de tendresse qui dérègle les rapports du couple et fait souffrir la femme mariée au plus haut point.

On peut affirmer que le regard constant de la famille sur l'homme fang influe considérablement sur son comportement. L'absence de considération de la famille étant perçue comme un reniement, un drame, il évitera de se démarquer des exigences familiales et même coutumières au détriment de son couple. Bien plus, on constate que beaucoup de femmes se plaignent de l'absence de communication dans leur couple. Cette incommunication est souvent mal ressentie et considérée comme une frustration voire une violence. Signalons que pour l'entourage du mari, trop de communication, de complicité, de transparence dans un couple est une aberration, un signe de faiblesse de la part de l'homme qui doit toujours avoir un jardin secret formellement interdit à sa femme.

On estime en fait, qu'un homme, un vrai, ne doit pas se sentir obligé de tout dire à sa femme pour faciliter le dialogue dans son ménage. D'autant plus qu'à l'époque de ses grands-parents et de ses parents, l'homme était souvent au corps de garde et ne faisait que d'épisodiques apparitions à la cuisine. Ce qui ne l'empêchait pas de retrouver sa femme en toute intimité le soir…

Mais est-ce la volonté de faire vivre aux femmes qui ont aimé et choisi leur mari l'expérience de celles à qui on a imposé les leurs qui explique la quasi-inexistence de mots tendres et la rareté des projets communs dans les mariages d'amour, devenus, une sorte de solitude à deux ? Une certitude demeure pourtant, la femme qui aime son mari a besoin de partager, d'échanger des idées avec lui au quotidien. Le silence et l'indifférence de celui-ci ne peuvent que constituer une véritable torture morale, une violence, une menace pour l'harmonie et la vitalité du couple.

Ce qu'on constate, c'est qu'il existe encore des hommes qui exercent des violences physiques sur leurs femmes qu'ils disent aimer. Mais beaucoup excellent surtout dans la violence morale et élaborent des stratégies d'humiliation, de répression psychologique contre leur femme qu'il y ait eu faute ou pas, juste pour le plaisir, pour affirmer leur ego masculin.

Ces actes de violence psychologique sont si multiples que nous ne retiendrons que les plus fréquents et les plus choquants.

Par exemple, quand l'homme marié a une maîtresse ou pas, il peut décider de se faire rare au domicile conjugal ou de rentrer à des heures tardives pour exaspérer sa femme ou pour tester la capacité de son épouse à supporter son absence. Si cette dernière exprime son mécontentement, il n'est pas rare qu'elle reçoive des gifles ou des coups de poing. Tout est fonction du tempérament de l'homme, de son éducation. Blessée au plus profond d'elle-même, la femme se sent toujours obligée de se murer dans le silence en espérant bien que son mari comprendra et changera. Mais qu'elle réagisse ou non, lorsqu'un homme, Fang de surcroît, a décidé d'en faire à sa tête, rien ni personne ne l'arrête. Certains hommes prennent même la liberté de découcher pour revenir le lendemain ou le surlendemain, voire après plusieurs jours.

Quand ils rentrent à la maison, à la moindre réflexion de leur femme, ils peuvent adopter trois attitudes : soit ils se murent dans un silence méprisant, soit ils ressortent sans toucher à la nourriture ni adresser la parole à leur épouse, soit ils se mettent dans une grande colère en lançant un flot de paroles bien acides à leur femme, du style : « Tu n'as qu'à faire comme moi puisque nous sommes égaux » ou : « J'ai le droit de sortir, je suis un homme après tout. Je peux épouser le nombre de femmes que je veux, non ? », ou encore : « Je ne suis pas un prisonnier, j'ai le droit de sortir ».

D'autres hommes s'autorisent même le droit d'amener leurs maîtresses au domicile conjugal sous prétexte que c'est une cousine, une collègue, l'amie d'un frère, etc. Il est fréquent d'entendre des femmes se confier à des proches pour exprimer leur désarroi et la misère affective et sexuelle qui les mine. Souvent, elles ont besoin de se sentir aimées, mais il existe un clivage entre leurs aspirations, leurs désirs et une existence émaillée de déceptions et de désillusions dont leurs maris sont bien souvent responsables. Mais nous sommes dans une société où les hommes n'ont même plus conscience du mal qu'ils peuvent faire à leurs femmes, à leurs enfants à travers un type de comportement honteux et répréhensible. Il est certain que le peuple fang s'est ouvert aux principes chrétiens, il n'en demeure pas moins qu'un nombre remarquable d'hommes ont du mal à abandonner la polygamie qui les avantage au plus haut point mais qui représente un traumatisme psychologique réel pour la femme amoureuse de son mari.

Ainsi, certains hommes peuvent-ils prendre une nouvelle épouse à cause de la stérilité de la première épouse ou parce qu'elle a vieilli. Etre polygame continue donc d'être aujourd'hui un devoir social. Qu'une femme soit belle, féconde, instruite ou riche, elle n'est pas à l'abri d'une mauvaise surprise : celle de voir son mari lui imposer une coépouse ou quelques copines, juste pour affirmer son ego.

Le comble est qu'il y a des hommes qui sont légalement mariés à une, deux ou trois femmes mais qui éprouvent encore le besoin d'avoir des copines (bibwân) en dépit de la pandémie du sida. Cela signifie tout simplement que dans la mentalité fang, un homme fidèle est quelqu'un que sa femme a mis dans la bouteille[44], c'est un veule, un être anormal qu'on méprise. Or les polygames et les dons Juans sont des hommes admirés (befâm), de vrais hommes !

Aussi, nombreux sont les hommes qui multiplient les sorties, maîtresses et affronts de toutes sortes, pour prouver à l'entourage qu'ils sont libres et que leur femme n'exerce aucun ascendant sur eux. Certains poussent même l'indécence et la perfidie à leur paroxysme en devenant polygames alors qu'ils se sont mariés sous le régime monogamique. Cette épreuve est souvent ressentie par la première femme comme une trahison, une violence, qu'elle ait des enfants ou pas. Bien pis, on voit des hommes qui, après avoir fait de nombreux enfants à une femme qu'ils ont pourtant épousée jeune, fraîche, belle, vont encore prendre une jeune fille de quinze ans ou dix-huit ans qui a l'âge de leur fille.

Vieillie, défraîchie, la première épouse est pénétrée par l'amertume et devient presque dépressive puisque son mari ne jure que par « la petite », la favorite. Il existe même des hommes qui s'élèvent au-dessus de toute considération morale en se mariant à l'insu de leur première épouse qui se met souvent dans tous ses états. Impuissante, elle assiste à la dislocation de sa vie. Réduite à subir sa rivale souvent arrogante et hautaine, il ne lui reste que les yeux pour pleurer ainsi que le souvenir lointain de son amour, de son paradis perdu. Ils deviennent donc rares les hommes qui ont jusqu'à leur mort, la femme de leur jeunesse.

L'humiliation de la femme se trouve amplifiée et portée à son apogée quand elle est abandonnée avec sa pléthore d'enfants en

---

[44] Sa femme a eu recours à des pratiques fétichistes pour qu'il soit dégoûté des autres femmes et reste attaché à elle.

faveur de la deuxième femme qu'on dorlote, qu'on couvre de cadeaux et avec qui on a une activité sexuelle plus intense.

Dans ce cas, la polygamie est une véritable violence, car elle incite l'homme non seulement à oublier ou presque sa première épouse mais à entretenir avec elle des rapports inamicaux[45] marqués par la froideur et même par la haine.

La nouvelle épouse peut donc être source de déséquilibre dans la mesure où ses conditions de vie connaissent une amélioration considérable au détriment de la première.

Pendant que le mari et sa nouvelle femme roucoulent comme deux pigeons des îles, la délaissée, sans être divorcée, dispose de toutes les charges morales et parfois matérielles. L'exagération outrancière qui consiste à négliger une femme qui vous a fait de nombreux enfants est une violence, une destruction morale et sociale.

On peut donc supposer que c'est la précarité de leurs conditions et la peur de se retrouver dans une situation d'inconfort moral et matériel qui poussent pas mal de femmes de toutes catégories sociales à se ruer vers les charlatans afin d'avoir des gris-gris susceptibles de les rendre aptes à exercer un attrait irrésistible sur leur mari.

Une telle démarche est la conséquence directe du manque d'assurance des femmes et des violences morales qu'elles subissent. Mais on peut déplorer l'inutilité et l'inefficacité de telles pratiques qui constituent aussi une violence exercée sur le mari et contribuent à empirer la situation de la femme et même du couple, au lieu de l'améliorer.

Sur un tout autre plan, on constate que la femme subit aussi des violences morales multiformes de sa belle-famille. Il n'est pas exclu non plus que des rixes éclatent entre elle et ses belles-

[45] L'entourage et les parents vont inonder la femme délaissée de conseils pour la consoler en insistant sur le fait qu'elle est la représentante de son mari, la pierre angulaire. Elle finit par se résigner mais devient une écorchée vive, une aigrie.

sœurs ou d'autres membres de la belle-famille pour des raisons souvent diverses et obscures.

Or, aller en mariage n'est pas s'engager dans une guerre sans merci et sans nom. Souvent, on voue à l'épouse une haine effrayante, justifiée parfois, car certaines femmes ne font pas l'effort d'être affables et de se faire accepter par leur belle-famille. Elles choisissent plutôt de se dresser sur leurs ergots, rejettent et méprisent tout le monde. Aimer et épouser un homme, n'est-ce pas être prête à faire des concessions, à accepter ses parents, même les moins aimables ?

Mais on doit tout de même souligner que les belles-familles ne sont jamais contentes et semblent difficiles à satisfaire, surtout quand elles n'aiment pas la bru.

Très souvent, elles ne voient que ses défauts et s'assoient sur ses qualités. Bien plus, elles exigent d'elle des qualités exceptionnelles pour qu'elle soit vraiment appréciée : sociable, travailleuse, féconde, soumise, généreuse, silencieuse, humble, etc. Malheur à celle qui est fainéante, stérile, contestataire, égoïste, bavarde et orgueilleuse ! Son mari subira des attaques et des pressions pour qu'il se remarie à une femme modèle qui aura un esprit de famille et qui suscitera l'engouement général et l'admiration. A vrai dire, dans bon nombre de familles, les beaux-parents attendent uniquement de celle qui fait l'entrée dans leur famille, le meilleur et jamais le pire. Elle doit frôler la perfection sans laquelle elle sera critiquée, rejetée.

On peut même affirmer que la femme qui arrive dans une famille reste une étrangère à vie même si elle a eu de nombreux enfants et qu'on l'appelle Midzâ, c'est-à-dire, la poutre du village, la cheville ouvrière. On lui reconnaît plus de devoirs que de droits. Elle est tenue de satisfaire tout le monde mais n'a rien à exiger de personne.

En milieu urbain, certains membres de la belle-famille, se croyant tout permis, peuvent se servir dans le congélateur ou dans le réfrigérateur sans l'autorisation de la maîtresse des lieux.

Pour éviter de se montrer désagréables et d'être critiquées, certaines femmes se taisent. Celles qui ont le courage de protester et d'ouvrir bien évidemment les hostilités, sont taxées d'orgueil, de méchanceté, de sorcellerie, car elles osent confisquer les biens du fils, du frère, de l'oncle ou du cousin. Un torrent de critiques et d'insultes va être déversées sur elles : elles sont venues « diviser la famille », « elles portent la culotte », « elles mangent tout l'argent du ménage comme elles ont mangé le cœur de leurs maris », etc.

Ces paroles véhémentes altèrent les relations entre la belle-famille et l'épouse et aliènent aussi le couple, à long terme. Plus d'un homme dans ce cas précis se cantonne dans le silence. Pris entre le marteau et l'enclume, il n'ose prendre ni le parti de sa femme ni celui de sa famille.

Gare à l'homme qui essaye de faire entendre raison aux siens en faisant remarquer que sa femme est la maîtresse de maison ! Tout le monde se ruera sur lui comme un essaim d'abeilles sur un ennemi.

En revanche, s'il se range du côté de ses parents, sa femme se sentira trahie et pliera les bagages. Quel que soit le camp choisi par l'homme, les déchirements sont inévitables et créent un climat malsain, voire infernal qui réjouit certains parents malintentionnés.

En effet, quand un couple a la grâce, le bonheur de connaître une certaine stabilité, il dérange l'entourage et donne l'impression d'être anormal, la résultante des fétiches faits par la femme.

C'est à croire qu'on préfère les couples qui s'entredéchirent plutôt que ceux qui recherchent l'harmonie et l'entente. C'est le monde à l'envers ! Néanmoins, il est souhaitable pour une femme de faire l'unanimité dans sa belle-famille, même si cela relève de l'exploit, car satisfaire les beaux-parents n'est pas chose aisée. On constate qu'une femme trop estimée par la belle-famille, connaît parfois des déboires inattendus de la part de son mari. Celle qui est haïe a tendance à être protégée et aimée par ce dernier. Les faiblesses et les défauts de la femme rejetée par sa belle-famille sont toujours mis en relief avec le plus de malveillance et de mauvaise foi possible. Le bien qu'elle peut faire ne compte pas ; seul le mal est vu.

Et qu'elle fasse des efforts ou pas, elle est exposée à un dénigrement systématique et à une haine à peine voilée. L'hostilité à son égard peut s'exacerber si elle n'est pas de la même ville que son conjoint.

En effet, il existe dans le Nord du Gabon, une mésentente séculaire et grotesque entre les individus originaires de Bitam et ceux d'Oyem. Personne n'explique clairement comment cette hostilité a commencé. Mais tout le monde est convaincu qu'elle influe négativement sur les couples qui arrivent à se constituer et est facteur de régression dans bien des domaines.

C'est d'autant plus vrai que certaines belles-mères ne cachent pas leur déception et leur animosité quand leur bru est issue d'une ville autre que celle qu'elles auraient souhaitée.

Une phrase assassine représente une véritable torture morale pour la femme contre laquelle elle est dirigée et revient comme un leitmotiv dans les conversations des belles-mères contrariées : « Tââ a be lûûg, aye lûglûg » ou « Titèè a be luk, aye luk luk »[46].

Il n'est pas rare d'entendre non plus des précisions saugrenues du genre : « Mon frère a épousé une fille de Bitam (gwan ye Bitam) », « mon oncle s'est marié avec une fille d'Oyem (gwan yoyem) », ou bien « vous aimez épouser les filles de Bitam, comme si les femmes étaient finies à Oyem », ou encore « qu'est-ce que vous trouvez aux filles d'Oyem ? », enfin « les filles de Bitam sont de grandes gueules… », etc.

Dans un univers où les paroles et les attitudes sont teintées d'une agressivité ahurissante, les femmes et les hommes ne savent jamais sur quel pied danser et peuvent vivre dans une

[46] Mon fils n'est pas encore marié. Il se mariera. La première formule est proférée par la belle-mère bitamoise, la seconde par celle d'Oyem.

sorte de malaise permanent. Si la femme est belle, on la taxera d'orgueil et de frivolité. Laide, elle fera l'objet de toutes sortes de railleries au point qu'on se demandera pourquoi le choix de l'homme s'est porté sur elle. On pourra même affirmer qu'elle a dû recourir à des pratiques occultes pour envoûter son fiancé et parvenir au mariage à tout prix. Elle peut être mère de plusieurs enfants, on la rejettera tout aussi bien. Parfois, la haine est plus forte que le lien de sang. Bien pis, la femme qui n'a pas eu la chance d'avoir des enfants entendra des allusions et les critiques les plus absurdes et inhumaines, venant de certains proches du mari.. On la considérera comme un facteur de dégénérescence et d'extinction de la famille, une « véritable perte »[47] qu'on va railler et mépriser.

Comme si la stérilité était un fait voulu et choisi, on poussera l'homme à prendre une femme à peine sortie de l'adolescence avec l'espoir qu'elle fera plein de fils et de filles à la famille qui ne les aimera pas forcément et ne les prendra même pas en charge en cas de décès du père.

En outre, si l'homme a une situation sociale honorable et que la femme est inculte, on lui suggèrera d'épouser une « femme qui a appris », capable de tenir une maison et de recevoir convenablement ses amis et collègues. Si la femme est diplômée, on va lui attribuer tous les clichés susceptibles de ternir son image et de consolider sa marginalisation.

Aussi, n'est-il pas rare d'entendre les propos comme : « Quand une femme a beaucoup appris, on ne peut plus ni la contrôler, ni la commander », ou « la femme qui a fait trop d'études, n'est plus une femme mais un homme », ou encore « une femme intellectuelle est une femme à problèmes » ou enfin « il faut être fou pour épouser une femme qui a un niveau intellectuel élevé ».

Ces réflexions sont significatives et montrent non seulement les lourds préjugés qui pèsent sur la femme diplômée qui est

[47] Quand un couple est infertile, on rend le plus souvent la femme responsable de cette stérilité.

crainte et déféminisée, mais traduisent aussi le désir permanent de domination de l'homme sur la femme. Qu'elle soit mariée ou célibataire, la femme ne doit ni émerger, ni avoir une position sociale élevée, ni posséder des biens propres. Elle doit exister pour l'homme même si elle a des aptitudes à faire valoir.

Ce qu'il faut souligner, c'est que les pays en voie de développement ont besoin d'une population importante, mais que cette population doit être alphabétisée, formée, informée, car l'analphabétisme constitue un fléau, un frein au développement pour les pays du Tiers monde, surtout quand il concerne les femmes qui sont les éducatrices de leurs enfants.

Plus elles seront éduquées et instruites, plus elles pourront être des agents réels de développement dont la progéniture aura des chances de réussir.

Etre cultivé pour un homme ou pour une femme aujourd'hui est plus qu'une exigence, à condition que cette culture contribue à sortir le pays, la famille de la précarité intellectuelle, morale, économique et sociale.

Multiplier les qualificatifs dépréciatifs sur la femme mariée ou célibataire qui a fait ou qui désire continuer ses études semble une attitude obscurantiste, rétrograde et dangereuse pour des gens vivant dans des pays qui cherchent à se développer et qui ont besoin de toutes les forces vives, masculines ou féminines. On ne doit pas perdre de vue qu'une femme qu'on humilie ou qu'on méprise ne peut être ni une épouse épanouie et serviable, ni une citoyenne participative et efficace.

Quand on parle d'humiliation, on ne peut ne pas évoquer le veuvage. Elles sont nombreuses les femmes qui gardent de nos jours, un souvenir atroce de brutalité et d'épouvante après le décès de leur mari.

Si elles avaient mauvaise presse dans leur belle-famille et qu'on les soupçonnait d'être à l'origine du décès de leur époux, on leur fera boire la coupe jusqu'à la lie. Si elles sont plus ou moins estimées, elles seront traitées avec quelques égards et une certaine souplesse.

Mais d'une manière générale, la veuve, en plus du choc psychologique violent provoqué par la perte de l'être cher, subira tous les sévices moraux, voire physiques.

C'est souvent l'occasion rêvée pour les belles-sœurs de se venger, de régler les comptes à la veuve qui ne peut absolument pas se soustraire aux propos acerbes qu'on déverse sur elle et qu'elle reçoit comme un poignard qu'on retourne dans la plaie.

Dans plus d'une famille, il arrive qu'on dépossède la veuve et ses enfants des biens laissés par son mari même si le droit moderne lui accorde la possibilité d'hériter. Il n'est pas exagéré d'ailleurs d'affirmer que les violences sur la veuve se sont accrues depuis que les biens matériels et l'argent sont en jeu. De là, l'émergence de conflits entre la famille du défunt et celle de la veuve qui conteste souvent les mauvais traitements et les accusations dont leur fille est victime.

Chaque ethnie, chaque province du Gabon est riche d'histoires sulfureuses liées à la maltraitance de la veuve. Or, dans la pure tradition fang, la veuve et les orphelins étaient protégés même s'ils ne pouvaient pas hériter du défunt. Les brimades que la veuve subissait constituaient disait-on, un principe purificateur, une manière de conjurer les mauvais sorts et de mettre la veuve à l'abri des perturbations psychiques.

Aujourd'hui, elle est victime d'un ensemble d'actes délibérés de violence et de méchanceté.

En fait, il faut reconnaître que le mariage d'amour et librement consenti est loin d'être un paradis sur terre et se révèle incontestablement comme une expérience douloureuse pour un nombre considérable de femmes. Plusieurs mariages où les conjoints s'aimaient pourtant très fort, sont devenus de véritables coquilles vides, des cercles de torture où l'homme et la femme cohabitent plus qu'ils ne se sentent mariés.

Sans avoir des indicateurs statistiques précis, on observe aujourd'hui que la précarité conjugale semble plus courante que la stabilité. Contrairement aux générations du passé à qui on imposait le choix des conjoints, les jeunes générations, plus libres dans leur choix, ont une vie conjugale moins longue et plus mouvementée. D'où un nombre considérable de couples divorcés où en instance de divorce, en dépit de la nombreuse progéniture issue de certains couples.

Cependant, beaucoup de femmes, malgré la mésentente avec leur conjoint et la violence sous toutes ses formes qu'elles subissent, ne demandent pas le divorce à cause des enfants et restent mariées comme leurs grands-mères et leurs mères.

C'est le cas de cette mère de dix enfants qui confiait non sans amertume à une de ses sœurs : « Je me considère encore comme une femme mariée pour mes enfants. Le bonheur conjugal tant attendu est chez les autres et ne viendra jamais chez moi ».

La question qu'on doit se poser est de savoir pourquoi les crises conjugales et les divorces sont plus fréquents aujourd'hui qu'ils ne l'étaient hier ? Pourtant les mariages contractés sur la base de l'amour devraient avoir une longévité plus grande et plus louable que les mariages forcés ou arrangés. Les couples modernes ne s'engagent-ils pas à la mairie pour le meilleur et pour le pire ?

Plusieurs facteurs peuvent expliquer la fragilisation de ces couples. Ces facteurs sont bien évidemment valables pour l'ensemble des communautés au Gabon, même s'il peut y avoir quelques variantes selon les régions.

D'abord les conditions nouvelles d'existence ont entraîné un changement dans les mentalités.

Le choc entre les principes traditionnels qui veulent que l'homme soit le maître incontesté dans le couple et les apports extérieurs d'égalité des sexes et de liberté affaiblissent le couple moderne.

La femme qui a de plus en plus conscience de ses droits et de ses aptitudes, cherche à s'affirmer, plus en tant que femme, mais en tant que personne à part entière. Elle va assumer des responsabilités habituellement réservées aux hommes, et amener l'homme à exécuter les travaux traditionnellement réservés à la femme. Tout cela est susceptible de créer des tensions, un conflit de compétences et d'aboutir à des incompréhensions, à des violences.

Il peut arriver aussi que le mari oppose la dureté et l'indifférence héritées de l'éducation au besoin affectif attendu par sa femme. Le manque d'affection peut ainsi entraîner des frustrations et susciter, à cause des plaintes et des revendications, un climat de mésentente.

En outre, la société actuelle est une société vertigineuse où l'on veut avoir tout dans l'immédiat. Les futurs conjoints ne prennent plus le temps de s'observer, d'apprendre à se connaître, de s'apprécier avant de s'unir. Tout se passe dans la précipitation, car chacun a sûrement des objectifs personnels à atteindre. C'est une fois marié que le couple prend conscience que tout est allé trop vite et qu'il est trop tard pour revenir en arrière. D'où la nécessité de prolonger le temps des fiançailles, la période d'observation et l'exigence de renoncer à tout quand on n'est pas sûr qu'on peut supporter les défauts de l'autre toute la vie.

Rien n'empêche, en effet, les fiancés de renoncer à leur projet de mariage s'ils se rendent compte qu'ils ne sont pas vraiment faits l'un pour l'autre. Mieux vaut prévenir que guérir. « Mieux vaut être seul que mal accompagné » dit un adage.

On peut aussi se demander si l'édifice conjugal est devenu fragile à cause du matérialisme.

Certains couples veulent vivre au-dessus de leurs moyens et mènent un train de vie qui les dépasse.

Il faut absolument qu'ils aient ce que les autres ont même s'ils n'en n'ont pas les moyens.

Or, les doigts de la main n'ont pas la même longueur et on ne peut pas devenir éléphant si on est né gazelle.

Il semble aussi que le mariage moderne soit prompt à se briser parce que l'initiative du mariage ne vient plus de la famille et que le couple a acquis de plus en plus d'autonomie.

Dans la tradition fang, on veillait au grain pour que les ménages arrangés ou non, restent stables. Dès qu'il y avait un moindre signe de conflit ou de désagrégation, les aînés ou les parents prodiguaient de sages conseils au couple qui favorisaient la réconciliation et l'équilibre dans le foyer. A présent, le couple qui vit en marge de la cellule familiale élargie tient souvent à régler lui-même ses problèmes.

Est-ce alors l'individualisme du couple moderne qui empêche parfois les proches d'intervenir quand le couple bat de l'aile ? On pourrait le supposer. Beaucoup pensent qu'il ne faut pas toujours mettre le doigt entre l'arbre et l'écorce... Livrés donc à eux-mêmes, les conjoints peuvent prendre des résolutions qui rendent la rupture inévitable. Or, la médiation familiale peut être salutaire dans certains cas et aider le couple à trouver des solutions acceptables et unificatrices. Il faut tout de même signaler que les couples n'ont pas tout à fait tort de se méfier de la médiation des tiers et de régler eux-mêmes leurs problèmes. En effet, si les médiateurs du passé s'efforçaient d'être impartiaux et recherchaient vraiment la paix dans le couple, certains médiateurs sont malintentionnés de nos jours et se rendent souvent disponibles pour envenimer les différends plutôt que de les régler.

D'où la nécessité pour les couples de bien choisir leur conseiller, leur médiateur, leur confident car tout le monde n'aime pas forcément tout le monde et n'est pas toujours de bonne foi.

On peut donc imaginer que c'est le spectacle de la fragilisation et de la désagrégation de l'édifice conjugal qui contraint plusieurs jeunes femmes et des jeunes hommes à préférer le célibat au lieu de vivre une sorte « d'insécurité conjugale ».

Le concubinage, forme d'union étrangère à la culture fang, a aujourd'hui pignon sur rue. Peut-être donne-t-il à chacun la liberté de sortir comme il est entré ?

Pourtant, l'augmentation des divorces et des couples non mariés impose non seulement une réflexion approfondie, mais une certaine vigilance, car les conséquences qui peuvent découler de ces situations de précarité sont dangereuses pour le futur.

Qu'on ne perde pas de vue qu'une société est forte et équilibrée quand la cellule familiale est stable, cohérente et harmonieuse. On ne le dira jamais assez : une nation vaut par la qualité des familles qui la composent. Le désordre dans la famille équivaut au désordre dans la nation.

Cependant, il est encore possible de croire que le meilleur est à venir à condition qu'on rende à César ce qui est à César. Le mariage étant avant tout une institution divine (que de couples oublient cette évidence !), il doit être absolument fondé sur les principes de son créateur : amour, complémentarité, transparence, unité, abnégation, humilité, pardon sans lesquels la longévité des unions sera une recherche vaine voire utopique. Aujourd'hui, on observe que les couples chrétiens vont moins mal que les couples païens. Cette affirmation doit porter à réfléchir, à pousser chaque couple à vivre en conformité avec les exigences divines.

CHAPITRE XXII

Mariage d'amour et d'intérêt

C'est un truisme d'affirmer que le contact avec l'Occident chrétien a transformé voire déstructuré la société africaine et a contribué à l'émergence d'une culture révisée, hybride.

En effet, le continent africain a connu dans son ensemble des transformations sociales et culturelles incontestables à cause de la colonisation. Par exemple, pendant cette période, le législateur, aidé du missionnaire, s'est engagé à réglementer le mariage afin de mettre un terme à toutes les pratiques traditionnelles susceptibles de bafouer la liberté et la dignité de la femme.

A ce titre, le décret du Ministre MANDEL paru en 1939 est révélateur[48], car il donne la possibilité à la jeune fille de protester contre une union qui lui est imposée. Cinq ans plus tard, la conférence de Brazzaville, tenue en 1944, fustige les mariages des filles impubères, car ces mariages sont considérés désormais comme des cas de mise en servitude sanctionnés par la loi[49]. Mais bon nombre d'autochtones du Gabon ou d'ailleurs

---

[48] « Article 1 : En Afrique occidentale et en Afrique Equatoriale française, la femme avant quatorze ans révolus, l'homme avant seize ans, ne peuvent contracter le mariage. Article 2 : Le consentement des futurs époux est indispensable à la validité du mariage ; seront nulles de plein droit sans que la partie qui se dirait lésée par la prononciation de la nullité puisse, de ce fait, réclamer aucune indemnité : 1) toute convention matrimoniale concernant la fillette impubère, qu'elle soit ou non accompagnée du consentement de la fille ; 2) Toute convention matrimoniale concernant la fille pubère, lorsque celle-ci refuse son consentement » cité par L.P AUJOULAT dans Aujourd'hui l'Afrique, Paris, Casterman, 1958 P 190.

[49] Ange F. *RATANGA ATOZ*, Op. cit. P 280.

ont toujours fait fi de ces lois estimant que les Blancs n'avaient pas le droit de se mêler des affaires de famille et des coutumes.

Aussi, ont-ils continué de marier leurs filles à qui ils voulaient, quand ils le désiraient sans se soucier de leur consentement. Progressivement pourtant, les structures mentales et les comportements ont commencé à se modifier.

L'Eglise, les confédérations religieuses et l'école ont été, sans conteste, les plates-formes qui ont favorisé l'acquisition des façons de voir, de comprendre aux antipodes des institutions et des principes traditionnels.

Le jeune homme, la jeune fille, le père ou la mère qui vont soit à l'école laïque ou confessionnelle, soit à l'église, rencontreront des personnes qui prônent des exigences et des valeurs nouvelles par rapport au mariage, au couple, au rôle de la femme dans la société et en seront imprégnés.

C'est ainsi qu'au Gabon, après la période coloniale, le pays a eu besoin de toutes les forces vives pour se développer. La vocation de la femme a donc évolué.

Elle n'est plus seulement celle d'épouse ou de mère. La femme fang ou issue d'autres communautés a désormais accès à la formation intellectuelle et affiche une volonté toujours plus grande de liberté, d'indépendance.

Autrefois, simple objet d'échange entre un père et son gendre, la femme ne voudra plus du tout être celle qu'on emmène chez son époux sans son consentement. Elle entend choisir elle-même son mari et acquiert une fois mariée des droits qui lui étaient jusqu'alors inconnus. On passera donc de l'ère du mariage arrangé et imposé par les parents à celle de la liberté de choix. D'autant plus qu'une nouvelle loi concernant la protection des filles mineures a été votée en juin 1989 et stipule qu'une fille ne peut se marier avant l'âge de quinze ans : « C'est une autre conception du mariage qui apparaît ici non plus comme une simple alliance entre deux groupes, mais comme une union de deux personnes. Le mariage devient une affaire avant tout personnelle, aussi le consentement de chacun des futurs époux doit être expressément requis. »[5050].

Aujourd'hui, même la jeune fille fang qui habite et est scolarisée en zone rurale aspire à contracter un mariage librement consenti. Aussi, n'acceptera-t-elle pas du tout ce qui est réglé de l'extérieur, à son insu. Certes, il peut arriver qu'une jeune fille se distingue dans son quartier ou son village par sa beauté, ses qualités et que la mère, la tante, le frère, la sœur ou le père d'un homme s'intéresse à elle pour un mariage éventuel avec ce dernier.

Mais l'avis de l'intéressée compte et est sollicité. Elle a parfaitement le droit de refuser toute proposition qui n'est pas de son goût au nom de la liberté de choix et de l'amour. On va alors assister à la naissance d'un mariage de type nouveau fondé sur la liberté de choisir son mari et dont la composante essentielle est l'amour.

S'il arrive que les parents s'opposent au choix de leur fille à cause de la moralité douteuse du prétendant, de sa famille ou pour toute autre raison, ils finissent par s'incliner et comprendre la nécessité de laisser leur fille se marier avec l'homme qu'elle aime, tout en annonçant que leur responsabilité ne sera nullement engagée au cas où des problèmes surviendraient au sein du couple.

Soulignons tout de même que des oppositions ou des réticences dans l'une ou l'autre famille peuvent retarder le mariage sans l'annuler, afin de permettre à tout le monde de s'accorder.

En effet, même si la femme fang est désormais libre de choisir son mari, il n'en demeure pas moins que le mariage représente toujours chez les Fang l'alliance entre deux familles dont les enfants vont unir leurs destins. Aussi, est-il souhaitable et même fondamental que tout mariage ait l'adhésion du plus

[50] Ntsame Nguéma Rose, op. cit., pp. 301-302.

grand nombre et se déroule dans la joie, la concorde et l'harmonie.

En fait, quand une relation est sérieuse entre un homme et une femme, l'homme et ses parents doivent d'abord passer par l'étape des « présentations » qui équivaut à des salutations, à la prise de contact avec la famille de la femme. Devant toujours faire montre de générosité et de liberté, les visiteurs apportent quelques cadeaux et une somme d'argent à la belle-famille (abègne).

C'est lorsque les futurs conjoints se sentent déjà prêts et que les deux familles ont fait connaissance que l'homme, accompagné de ses parents, peut aller demander officiellement la main de celle qu'il aime et verser la dot (Nswa) qui symbolise à la fois le trait d'union entre les deux familles, la compensation et le dédommagement.

Elle est constituée d'une somme d'argent, de tissus, de marmites, de bouteilles de liqueur, de machettes, de viande, de poisson, d'ailes de dinde, etc.

Les familles aisées peuvent même se permettre d'offrir à la belle-famille un ou plusieurs bœufs, largesse qui leur vaudra prestige et honneur.

En contrepartie, les parents de la femme vont donner des dizaines, voire des centaines de régimes de banane, ainsi que du manioc, des moutons, des poules, des cochons, des canards, du poisson d'eau douce fumé ou frais, en particulier le silure (Ngô)[51], l'arachide, le concombre, etc.

Dans de nombreuses familles, on accompagne la femme chez son mari non seulement avec des outils traditionnels qui lui serviront pour la cuisine, mais aussi avec le mobilier, des appareils électroménagers, le linge de maison, etc.

Un aspect mérite d'être évoqué parce qu'il démontre l'évolution réelle des mentalités en faveur de la liberté de la

[51] Chez les Fang, le silure est un plat de prestige et d'honneur qu'une belle-mère digne de ce nom est tenue de servir à son gendre.

femme. Nous avons vu que la fille qui se mariait dans la société traditionnelle était totalement exclue de la cérémonie de versement de la dot.

Aujourd'hui, la femme est désormais impliquée dans cette cérémonie solennelle au cours de laquelle l'occasion lui est offerte de rendre le mariage possible ou impossible en remettant la dot soit à son futur époux, soit à son père. Elle confirme ainsi son choix et l'initiative de lier son destin à celui de son fiancé. Après cette étape, c'est à la mairie que les deux époux se promettront amour et fidélité et s'engageront librement pour le meilleur et pour le pire.

Cependant, avec l'évolution économique et celle des mœurs, le mariage n'a pas que l'amour pour fondement et semble avoir aussi perdu son caractère noble et sacré. Il a parfois pour base des calculs, des spéculations aussi bien de la part de l'homme que de la femme.

En effet, l'économie monétaire a donné un visage sordide au mariage et a contribué à la dégradation des relations entre l'homme et la femme. Il n'est pas rare d'entendre une jeune femme dire sans vergogne : « J'aime cet homme parce qu'il est ingénieur ; il me donne beaucoup d'argent, s'il me demande en mariage, je l'épouserai sans hésiter ».

Actuellement, la valeur d'un homme ne se mesure plus vraiment à ses qualités, à ses valeurs intrinsèques mais au volume de son portefeuille, de son compte en banque ainsi qu'au nombre de voitures qui « trônent » dans son parking. Aussi, beaucoup de jeunes femmes fang, ou issues d'autres ethnies, choisissent-elles de leur plein gré de vivre en concubinage[52] ou d'épouser des hommes fortunés qui ont l'âge de leur père ou de leur grand-père, comme cela se passe encore dans certains

[52] Soulignons que le concubinage est lié à la modernité et aux brassages culturels. L'homme traditionnel fang récuse l'union libre et pense qu'une femme n'est mariée que lorsqu'un homme est allé se présenter chez ses parents et qu'il leur a versé une dot. Le concubinage était mal vu dans la société traditionnelle fang et constituait une pratique déshonorante pour la fille et pour sa famille.

milieux aux Etats-Unis ou en Europe. Souvent, elles ferment les yeux sur la moralité de l'homme et sur l'origine de sa fortune.

Ce qui compte, c'est qu'elles puissent en bénéficier et au maximum. Il existe aussi des hommes qui épousent ou qui vivent maritalement avec des femmes plus pour ce qu'elles ont que pour ce qu'elles sont : le matérialisme a pris une dimension si effrayante qu'on peut se demander si les mariages qui se contractent aujourd'hui ont toujours pour fondement l'amour.

Bien plus, plusieurs jeunes filles, que ce soit en zone rurale ou urbaine, subissent aussi la pression des parents – le père, la mère ou un proche – qui les poussent à sortir avec des pontes (bourra be bôt) ou à les épouser afin de leur soutirer de l'argent (a dut bemono, miang).

Depuis plus de trois décennies, le matérialisme a atteint un tel degré qu'il semble avoir tué l'amour dans presque toutes les communautés du Gabon. Bien pis, la fierté, l'honneur, le sens de la dignité qui étaient des valeurs inaliénables chez l'homme fang d'autrefois deviennent des perles rares à cause du pouvoir corrupteur de l'argent.

L'argent triomphe tellement comme unique valeur que certains parents repoussent les jeunes gens qui n'ont pas encore une situation sociale stable mais qui ont tout de même de l'avenir (étudiants, élèves) et préfèrent des prétendants qui peuvent subvenir à leurs besoins dans l'immédiat.

Il est devenu presque rare de voir un père prendre la peine de s'informer sur la moralité d'un prétendant et sur la réputation de sa famille comme cela se passait jadis. Bon nombre de pères s'intéressent d'abord à la situation sociale du prétendant et regardent son « avoir, sa voiture » et les avantages qu'il peut offrir.

Désormais, le prétendant vaut par ce qu'il possède et non par ce qu'il est réellement. Beaucoup de parents déclarent d'ailleurs sans la moindre hésitation qu'ils n'ont plus grand-chose à attendre de la vie et de leurs enfants, filles ou garçons, si ce n'est la nourriture, la boisson et l'argent.

Un tel état d'esprit conduit à la paresse, à la cupidité et encourage la prostitution : les femmes, jeunes ou moins jeunes, se donnent à n'importe qui, pourvu qu'il ait de l'argent et subvienne aux besoins de tout le monde.

L'homme fang du Nord, autrefois grand agriculteur, n'avait rien à envier à personne et vivait décemment grâce à la culture du cacao. Il nous a été confié que des villageois, grâce au cacao, s'achetaient eux-mêmes des camions et vivaient dans l'aisance.

Depuis que le cacao connaît une régression plutôt étrange et que la population villageoise a vieilli et s'intéresse plus à la politique, on assiste à la clochardisation, à la paupérisation et même à la corruption des populations de cette zone. Ce qui est à la fois regrettable et inquiétant, car si les vieux qui sont les gardiens et les promoteurs des valeurs (l'exemplarité, la dignité, l'honneur, le sens du travail) sont corrompus qui montrera le chemin à suivre aux jeunes générations ?

En définitive, beaucoup d'autochtones qui ont perdu leur autonomie, leur autorité et leur respectabilité parce qu'ils sont réduits à la mendicité, comptent essentiellement sur l'argent, les biens matériels que leur apportent leurs filles, leurs gendres, sans oublier les miettes que leur jettent les hommes politiques quand ils ont besoin de leurs voix en période électorale. On est donc amené à constater que l'amour se trouve menacé à cause de la place de choix qu'occupe l'argent et des mentalités qui se sont transformées et sont portées constamment vers le gain, le profit, la facilité.

N'est-il pas temps que les jeunes gens (filles et garçons) qui n'ont pas un emploi stable en ville retournent à la terre pour planter : cacao, arbres fruitiers et légumes afin d'être autonomes, prospères et dignes comme le furent leurs aïeuls ? Le monde de demain appartiendra à ceux qui vont gagner leur vie par l'effort et un travail honnête et non aux adeptes de la facilité, laquelle conduit de toutes petites filles à se prostituer en se jetant dans les bras des personnes âgées. Mais il ne faut pas croire que les comportements mercantiles que nous venons d'évoquer soient l'apanage des Fang.

L'argent a modifié les structures mentales dans toutes les communautés gabonaises[53] et favorise la dégradation des mœurs, l'instabilité dans les relations interpersonnelles et dans les ménages.

[53] Le principe du « chic, choc, chèque » est bien connu des Gabonais et des Gabonaises. Nombreuses sont les femmes et même des jeunes filles qui rêvent d'avoir « un chic, un choc et un chèque ». Le chic est cet homme distingué et charmant avec qui on se sent bien. Le choc est l'homme viril. Le chèque est l'homme riche et large qui peut laisser des chèques en blanc... Elles sont nombreuses les femmes qui sont prêtes à vendre leur âme, leur personnalité, leur dignité, leur honneur pour de l'argent.

CONCLUSION

Si l'on doutait de la constance de la violence dans les mariages traditionnels fang, il suffirait de se reporter aux récits que nous venons de présenter, car ils rendent compte d'un univers où la liberté de la jeune fille est compromise. Tout se passe comme si on voulait lui interdire d'aimer librement un homme et de se donner à lui !

Privée de son enfance et de tout ce qui est spécifique à cette période, la petite fille est coupée brutalement de l'affection maternelle. La coutume et même son jeune âge ne lui donnent pas le droit ni la possibilité de s'exprimer, de protester. Elle est canalisée et obligée d'épouser un inconnu dont la différence d'âge est effrayante et constitue une violence.

Bien plus, le mariage se tisse et se développe dans une perspective souvent agressive et se révèle non seulement comme un rapport de dominant à dominée mais encore comme un traumatisme profond. On constate que la quasi-totalité des jeunes filles sont mariées non pour régler un quelconque conflit entre les tribus mais par sympathie pour les gendres ou tout simplement parce que les pères ont besoin d'argent. Il est navrant de constater que les pères qui sont censés protéger et défendre leurs filles face aux agressions extérieures, mettent au contraire en place des mariages teintés de violence morale et physique. L'obscurantisme apparaît aussi comme une violence, car être privées du droit d'aller à l'école, ne pas savoir lire et écrire, abandonner ses études sous la contrainte alors qu'on est doué seront de lourds handicaps dans la vie de ces femmes.

Souvent désarmées psychologiquement et intellectuellement, la plupart d'entre elles et leurs enfants mèneront pendant longtemps une existence précaire et auront un niveau de vie médiocre.

On observe que la sexualité dans le milieu traditionnel fang exclut la tendresse, le plaisir et semble essentiellement fondée sur la procréation. On peut même affirmer sans risque d'erreur que bon nombre d'hommes mûrs se mariaient avec des pucelles pour avoir des enfants le plus vite et le plus longtemps possible. Considérés comme une richesse incommensurable, les enfants marquaient le prestige et la respectabilité du père, de la famille, du clan. D'où les maternités rapprochées et la tendance à considérer la femme uniquement comme une « matrice », un « ventre ».

En effet, s'il est un rôle ancestral que la société fang reconnaît et assigne à la femme, c'est celui de « remplir » le village, de faire beaucoup d'enfants. Cela signifie qu'on reconnaît la féminité d'une femme dans sa fonction reproductrice. D'autant plus qu'une famille nombreuse est non seulement une main-d'œuvre abondante et gratuite mais offre aussi la possibilité au père d'immortaliser ses proches vivants ou disparus en donnant à chaque enfant, leurs noms.

Le véritable drame de la plupart des femmes qui nous ont livré leurs récits, c'est qu'elles assimilent l'acte sexuel à la violence, à la souffrance. Ecrasées et usées par la brutalité sexuelle de leurs maris, elles ignoreront pour toujours ce qu'on appelle le consentement, le don de soi, l'amour parce qu'elles n'auront qu'un univers où conquête, possession du corps et reproduction occupent une place de choix. Certains maris, cauteleux et obsédés par l'infidélité potentielle de leurs épouses, les entourent d'une surveillance asphyxiante et se montrent soupçonneux et agressifs. Ce n'est pas un hasard s'ils choisissent la forêt comme un lieu de refuge voire de réclusion.

Ce qui est admirable et louable pourtant, c'est que les femmes d'hier, en dépit de leurs couples mal assortis et des vexations de toutes sortes, sont restées mariées pour leurs enfants, leurs « Soleils », à côté de celles d'aujourd'hui qui divorcent pour un « oui » ou pour un « non » sans tenir compte de leur progéniture.

Déjà libres de leur choix et conscientes de leurs droits et de l'évolution de la société, elles cherchent désormais à s'affirmer, à revendiquer leurs droits et se heurtent ainsi à l'ego masculin aiguisé par l'éducation. On assiste alors à des frictions, à la violence physique et psychologique, à la fragilisation des ménages modernes. En outre, le matérialisme exerce sur de nombreuses jeunes filles et leurs parents une séduction de plus en plus forte que la prostitution, pratique importée, gagne du terrain ainsi que les mariages fondés sur les spéculations, les calculs, l'argent en un mot.

Aussi, beaucoup de gens ne peuvent-ils s'empêcher de céder à une certaine nostalgie des structures et des pratiques du passé en dépit des dérapages et des abus constatés.

Aujourd'hui, le nombre élevé des divorces est la preuve tangible que l'évolution sociale et mentale opérée a non seulement permis à la femme de se libérer du mariage imposé, mais a aussi entraîné des tendances à une certaine anarchie ayant pour corollaire : la mauvaise santé des foyers et l'ébranlement de la cellule familiale plus solide dans le passé. Il faut souligner pour terminer que la nécessité s'impose de maintenir un échange entre les générations afin que les jeunes puissent garder ce qui est bon du passé et ne soient livrés à eux-mêmes dans un monde sans repère et en déliquescence. Même si les jeunes ont le libre choix de leur mariage, le point de vue des parents peut être éclairant et leurs conseils salvateurs. Trop d'indépendance à l'égard du cadre familial est un terrain fertile à l'anarchie, à des erreurs parfois regrettables.

BIBLIOGRAPHIE SOMMAIRE

Aujoulat L.P : *Aujourd'hui l'Afrique*, Paris, Casterman, 1958.

Darmon Pierre : *Mythologie de la femme dans l'ancienne France*, Paris, Seuil, 1983.

Kingsley Mary : *Une Odyssée africaine*, Paris, Phébus, 1992.

Mohamadou Kane, *Roman africain et traditions*, Dakar, les Nouvelles éditions africaines, 1982.

Ntsame Nguéma Rose : *La Condition de la femme au Gabon. Essai sur l'évolution de la condition de la femme fang*. Thèse pour le doctorat de 3ème cycle en sociologie, Bordeaux II, 1981.

P. Alexandre et J. Binet : *Le groupe dit pahouin (Fang, Boulou, Beti)*, Paris, l'Harmattan, 2005.

L'HARMATTAN, ITALIA
Via Degli Artisti 15 ; 10124 Torino

L'HARMATTAN HONGRIE
Könyvesbolt ; Kossuth L. u. 14-16
1053 Budapest

L'HARMATTAN BURKINA FASO
Rue 15.167 Route du Pô Patte d'oie
12 BP 226
Ouagadougou 12
(00226) 50 37 54 36

ESPACE L'HARMATTAN KINSHASA
Faculté des Sciences Sociales,
Politiques et Administratives
BP243, KIN XI ; Université de Kinshasa

L'HARMATTAN GUINÉE
Almamya Rue KA 028
En face du restaurant le cèdre
OKB agency BP 3470 Conakry
(00224) 60 20 85 08
harmattanguinee@yahoo.fr

L'HARMATTAN CÔTE D'IVOIRE
M. Etien N'dah Ahmon
Résidence Karl / cité des arts
Abidjan-Cocody 03 BP 1588 Abidjan 03
(00225) 05 77 87 31

L'HARMATTAN MAURITANIE
Espace El Kettab du livre francophone
N° 472 avenue Palais des Congrès
BP 316 Nouakchott
(00222) 63 25 980

L'HARMATTAN CAMEROUN
BP 11486
Yaoundé
002374586700
002379766166
harmattancam@yahoo.fr

657457 - Juin 2016
Achevé d'imprimer par

1livre.com
du rêve à la réalité !